KB023407

**위기 이후의 경제철학**

EBS 클래스ⓔ 인문

# 위기 이후의 경제철학

홍기빈 지음

EBS BOOKS

욕망

# 미래가 힘이다

이 책은 학술 서적이 아니다. 일하고 살아가는 우리가 우리에게 전하고 나누고자 하는 말과 이야기다. 이 이야기의 배경이 되는 학술적인 논의와 문헌 정보는 책 뒤에 따로 붙이도록 하고, 학자의 이름이나 학문적 논의와 같은 이야기도 아주 최소한으로 줄였다. 그 대신 책을 쓰는 나와 읽는 당신이 살아오면서 틀림없이 느꼈을 이야기, 좌절하고 답답했지만 답이 없어서 접어두었던 이야기, 무어라 이름을 붙일 수는 없지만 이럴 수 있지 않을까라고 막연히 생각했던 이야기들을 해보도록 하겠다.

나도 당신도 열심히 일을 한다. 즉 '경제생활'을 한다. 하루에 먹고 자는 등등의 시간을 제외하고, 돌보아야 할 사람들에게 돌봄을 주는 항상 턱없이 부족한 시간을 제외하고, 나머지 시간을 우리는 온통 경제생활에 쏟는다. 언제부터 시작했는지도 모르겠고, 또 언제까지 해야 할지도 모르겠지만 우리 삶의 기억과 머릿속은 온통 경제생활로 가득 차 있다. 그런데 이렇게 내 삶의 힘과 시간과 정열을 다 쏟아붓는 경제생활이건만 하면 할수록 내가 좀 더 풍요로워진다는 생각은 들지 않는다. 어떤 이는 많은 돈을 벌고 모았을 것이며, 또 개중에 어떤 이는 더 이상 고된 일을 할 필요가 없을 정도의 자산을 모았을 수도 있다. 하지만 어느 쪽이든 동일한 사실이 있다. 경제생활을 열심히 하면 할수록 내가 그만큼 더 풍요로워져서 삶을 더 여유 있게 즐기고 있다는 생각이 들지 않는다는 것이다.

풍요는 고사하고 나의 마음과 내면을 자꾸 좀먹어 들어가는 것이 있으니, 그것은 허무와 고독과 불안이라는 감정이다. 일을 하면 할수록 소비를 열심히 하면 할수록 잠깐의 만족과 쾌락의 시간이 주어질 뿐 내 삶은 채워지지 않는다. 그 시간이 지나고 나면 무어라 설명할 수 없는 세 가지 감정, 허무와 고독과 불안이 나를 안팎으로 감싸고 휘몰아친다. 삶의 '디폴트default' 상태, 즉 기본적으로는 길고 긴 회색의 허무, 고독, 불안한 상태이고 간헐적인 만족과 쾌락이 잠깐잠깐 나타날 뿐이다. 하지만 그 짧은 시간이 끝나면 다시 그 디폴트 상태로 돌아올 뿐이다. 통장 잔고가 얼마이건, 각종 자산이 얼마이건 큰 차이가 없다.

물론 한 푼이 아쉬워 뛰어다녀야 하는 사람들은 이러한 감정이란 배부른 망상에 불과하다고 느껴질 수밖에 없다. 그래서 이러한 감정에 휩싸여도 이를 잊을 수 있는 이런저런 마취제를 들이켜고 감기 환자가 아스피린으로 며칠을 버티듯이 다시 경제생활의 전선으로 뛰어든다. 큰돈 들이지 않고도 편의점의 1만 원짜리 네 캔 맥주와 넷플릭스만 있으면 좁은 원룸에서 하룻밤을 행복하게 보낼 수 있으니까. 하지만 모든 기능의 수행을 마치고 이불을 쓰고 눈을 감으면, 그리고 아직 몸의 힘과 긴장이 채 소진되지 않고 남아 잠이 제때 들어주지 않으면, 허무와 고독과 불안이라는 감정이 몸과 마음을 휘감는다.

이것이 자본주의와 산업문명이 인간 세상을 완전히 그리고 속속들이 지배하게 된 21세기 인류의 삶이다. 쪼들리고 힘든 사람들은 그들 나름대로, 경제적 압박에서 풀려난 사람들도 그들 나름대로 허무와 고독과 불안이라는 똑같은 질병에 시달리고 있다고 나는 생각한다. 인류가 진화해온 긴 과정 속에서 인간이 이러한 기묘한 상황에 처하게 된 것은 처음 있는 일일 것이다. 모든 지구상의 생명체는 경제생활로 삶을 채운다. 그래서 하나라도 더 따내기 위해, 하나라도 더 자기에게 채우기 위해 깨어 있는 시간의 대부분을 보낸다. 그런데 그러한 활동을 열심히 하면 할수록 허무와 고독과 불안이 더 커져만 가는 생명체가 21세기의 인간 말고 또 있을까?

조금이라도 더 잘 살아보려고 그렇게 열심히 살고 있건만, 왜 이 삶은 허무와 고독과 불안의 포위망 밖으로 나를 한 발짝만큼도 빼내주지 못하는가? 그래서 더 열심히 더 땀흘려 일을 하건만, 하면 할수록 나는 왜 그 포위망의 바깥이 아니라 더 안으로 안으로 빨려 들어가고 있는 것일까? 어떤 이들은 말한다. 그것이 인간의 어쩔 수 없는 운명이라고. 허무와 고독과 불안은 인간의 본래적인 존재 조건, 즉 '인간 조건human condition'이라고. 그래서 원래부터 열심히 살아감으로써 거기서 벗어날 수 있다는 생각은 망상이라고. 게다가 개인의 힘으로는 전혀 통제할 엄두조차 내지 못할 이 현대 산업사회라는 거대한 기계는 더더욱 불가항력의 괴물이니, 이것을 길들여서 허무와 고독과 불안이 줄어드는 세상을 꿈꾸는 것은 더 큰 망상이라고. 따라서 우리의 옵션이란 그저 상처난 우리 영혼을 치유하기 위해 틈틈이 좋은 음식 먹고 좋은 옷 입고, 좋은 음악 좋은 그림 좋은 이야기 즐기고, 또 좋은 사람들과 시간을 보내는 것이 유일한 방법이라고. 요컨대 경제생활에서 받은 상처를 이런저런 방법의 '힐링healing'으로 달래며 삶이 끝날 때까지 버티는 것 말고 별다른 방도가 없다고.

그러나 나는 그렇게 생각하지 않는다. 경제생활이 우리를 허무와 고독과 불안으로 밀어 넣도록 짜여져 있다면, 우리가 해야 할 일은 그러한 경제생활의 조직 방식 자체를 바꾸는 일이라고 믿는다. 힐링이라는 것도 분명히 삶을 향유하기 위한 소중한 자산이다. 하지만 서쪽에서 뺨 맞고 동쪽에서 화풀이하는 방식이 근본적인 답이 될 수 없다. 헉슬리Aldous Huxley의 소설 『멋진 신세계Brave New World, 1932』에 나오는 유전자가 열등한 인종들처럼, 경제생활을 위한 시간을 꾹 참으며 지내며 그것이 끝난 이후에 음악과 술과 '소마'와 같은 환각제로 지내다가 조용히 죽을 때를 기다리는 삶과 무엇이 다른가? 그런 식으로 향유되는 인문학과 예술이라면, '멋진 신세계'에 대량으로 나돌아다니는 술과 소마와 다를 게 무엇인가? 답을 다른 데서 찾을 수는 없다. 우리의 경제생활이 우리를 허무와 고독과 불안으로 밀어 넣도록 짜여져 있다면, 우리가 해야 할 일은 그러한 경제생활의 조직 방식 자체를 바꾸는 것이다.

요컨대 하루의 대부분을 경제생활로 보낼 수밖에 없는 우리들은 경제생활 자체를 어떻게 바꿀 것인가에서 출구를 찾아야 한다. 독일 시인 브레히트<sup>Bertolt Brecht</sup>가 쓴 『아침저녁으로 읽기 위하여<sup>Morgens und abends zu lesen</sup>』에 나오는 시 구절을 보자.

> 고상한 사람들 사이에서
> 먹고 사는 것에 관해 말하는 것은 천한 일이다
> 왜냐면 그들은
> 이미 먹고 있는 중이기 때문이다
> (…)
> 천한 사람들은
> 천한 것을 생각하지 않으면
> 고상해질 수 없다

그리고 또 다른, 어쩌면 더 큰 문제가 남아 있다. 이러한 경제생활이나마 과연 지속 가능한가라는 질문이다. 지금 지구적 산업문명 전체는 각종 생태 위기와 가지가지의 사회적 불평등으로 막다른 골목에 다다라 있으며, 자칫하면 붕괴의 결말로 치달을 수 있는 조짐까지 보이고 있다. 그 근본적인 원인은 우리가 지금 영위하고 있는 경제생활의 방식에 있다는 것이 많은 이들의 공통된 느낌이자 견해다. 경제생활을 열심히 하면 할수록 더 허무해지고, 불안해지고, 고독해지는 지금의 틀은 또한 생태 위기와 사회적 불평등을 낳고 있다.

그렇다면 이러한 삶의 방식은 언제까지 지속될 수 있는가? 과연 현상 유지라도 보장할 수 있는 것일까? 어쨌든 일터로 나가고, 거처로 돌아오고, 어쩌다 주어지는 '자유' 시간에 이런저런 소소한 즐거움을 맛보고, 그 시간이 끝나면 다시 일터로 나가고……. 이러한 삶이라도 과연 북한산 바윗돌처럼 탄탄하고 굳건하게 유지되고 지속될 수 있는 것일까? 아이가 있는 이라면 이러한 질문은 더 다가올 것이다. 이런 생활을 또 다음 세대도 계속하게 될 것인가, 혹은 계속할 수는 있는 것일까? 아이들이 컸을 때의 세상은 또 어떤 세상이 되어 있을까? 무언가 바꾸어야 한다면 지금 바꾸어야 하는 것이 아닐까?

위기 이후의 경제철학

1부

# 위기

　가깝게는 코로나 사태의 위기가 있었지만 이는 어디까지나 빙산의 일각일 뿐이다. 그 사태를 낳은 근저의 여러 요인들, 또 그 사태로 인해 촉발되고 가속화된 여러 요인들은 지금의 세계를 가히 '위기'라는 말을 붙일 만한 상황으로 몰아가고 있다. 이 위기는 언제 가라앉을까? 가라앉기는 할까? 그리고 이 위기가 끝나면 어떤 세상이 펼쳐질까? 이전의 세상으로 돌아갈까? 막연한 느낌이지만, 아닐 것이다. 지구적 산업문명은 이미 어디론가 떠나기 시작했고, 그 정처 없는 배가 어떤 바다를 지나서 어떤 땅에 닿게 될지에 대해 자신 있게 말할 수 있는 사람은 지금 아무도 없어 보인다. 이 위기 '이후의 세계'는 새로운 경제학과 새로운 경제생활의 틀을 준비할 때에만 비로소 우리가 바라고 꿈꾸는 희망의 땅이 될 수 있다고 믿는다. 그래서 열과 성을 다할수록 허무와 고독과 불안만을 안겨주는 지금의 경제생활의 틀을 검토하고 바꾸는 노력, 그리고 생태 위기와 사회적 불평등으로 대표되는 지금의 지구적 산업문명의 위기를 진단하고 고쳐나가는 노력은 같은 것이 될 수밖에 없다. '위기 이후'의 세상을 살아가야 할 우리는 이제 다른 경제학과 다른 경제생활의 틀을 생각해야 한다.

# 1 ———— 우리는 풍요롭지 않다

　　'위기 이후'의 세상을 재촉하는 요소는
여러 가지가 있지만 생태 위기와 사회적 불평등이라는 두 가지의
굵직한 주제만 생각해보도록 하자. 지정학적 갈등, 무역 구조의 변
화, 금융 시스템의 변화, 포퓰리즘과 과두정에 의한 민주주의의 침
식 등 다른 여러 요소들도 물론 중요하고 그 나름의 파괴력을 가지
고 있지만 장구한 인간 문명의 역사 속에서 새롭게 나타난 것들은
아니다. 하지만 현재 우리가 겪고 있는 생태 위기 그리고 지구적 차
원에서의 사회적 불평등은 지난 30년간의 산업문명에서 모습을 드
러낸 것들이다.

## 계속 성장하고 계속 소비할 수 있을까

지금 다가오는 위협은 기후위기만이 아니다. 생물종 다양성 감소, 해양 생태계 위기, 주요 자원의 고갈 등 지구적 산업문명이 자연과 생태계의 한계를 침범해 넘어서고 있는 증후는 도처에서 나타나고 있다. 이러한 위기들은 산업문명의 지속가능성은 물론, 인간뿐만 아니라 현존하는 생명 영역biosphere 전체의 안녕을 위협하고 있다. 이에 대해서는 많은 경고가 이루어지고 있으니 더 길게 이야기할 필요는 없을 것이다. 심각한 문제는 따로 있다. 경고의 목소리에 이어 많은 해법의 제안과 노력이 이루어지고 있지만 정작 이 생태위기의 가장 근본적인 질문, 즉 지금 우리 경제생활의 틀을 완전히 바꾸어야 한다는 문제는 대부분 회피하고 있다는 점이다. 우리는 과연 20세기와 같이 계속 성장하고, 계속 소비를 늘려갈 수 있을까? 80억을 넘어선 세계 인구가 모두 산업 국가의 중산층과 같은 소비 수준을 향유할 수 있을 만큼 경제성장을 이루겠다는 위험한 꿈은 과연 그대로 두어도 좋은 것일까?

더 많은 소비와 더 많은 경제성장은 지금 전 세계 인류의 마음과 의식 속에 하나의 세속 종교와 같이 절대적인 목표로 자리 잡고 있지만, 이는 어디까지나 20세기 후반 이후의 불과 100년도 채 되지 않은 현상이다. 20세기 초까지만 해도 경제학의 주된 관심사는 성장이 아닌 '균형equilibrium'이었으며, 대부분 사람들의 경제생활은 열심히 일하고 근검절약하며 살아간다는 전통적인 윤리를 규범으로 하여 이루어지고 있었다. 하지만 지난 70년간 큰 변화가 일어났다. 2차 산업혁명으로 '대량소비·대량생산'이라는 틀이 자리 잡았으며, 대공황과 제2차 세계대전을 통과하면서 경제의 지속적인 성장이 국가 목표로 떠올랐고, 이를 '정밀하게 계측'하는 성장 회계가 발전했다. 또 노동과 자본의 고질적인 계급 갈등에 대한 치료책도 경제성장과 소비 팽창으로 주어졌으며, 특히 20세기 끝 무렵에는 잘사는 나라와 못사는 나라 사이의 불평등에 대한 해결책으로도 경제성장이 주어졌다. 그리하여 20세기 중반을 거치면서 무한의 소비 팽창은 이제 으뜸가는 미덕이 되었고, 이를 가능케 하는 나라 전체 아니 세계 전체에서 무한의 경제성장은 절대적인 '공공선common good'이 되어버렸다.

경제성장은 복률compound rate의 성장이다. 이것이 불가능하다는 경고는 반세기 전인 1970년대 초에 발표된 연구 보고서 『성장의 한계 Limits to Growth』에서 분명하게 표명된 바 있다. 이 책은 실로 여러 가지 방법으로 왜곡되고 폄하되었지만, 그 핵심의 메시지는 '이 우주에서 복률의 성장을 계속할 수 있는 것은 없다'로 요약해도 틀리지 않다. 복률의 성장은 지수함수의 성장이다. 마치 우리의 연금이나 보험이 불어나는 것처럼 처음의 일정한 기간 동안에는 완만하게 증가하지만 일정 시점에 달하면 그때부터는 터무니없는 숫자와 속도로 불어나기 시작한다. 하지만 경제성장은 추상적인 숫자와 그래프의 증가가 아니다. 현실에 존재하는 인간, 사회, 자연의 온갖 물질적 요소와 그에 따르는 관계 전체가 동원되어 격렬하게 서로 엮여드는 지구상의 거대한 소용돌이다. 이 소용돌이가 지수함수 2, 4, 8, 16, 32, 64, 128, 256, 512, 1024의 추세로 커진다고? 지구가 남아날까? 그래서 1960년대에 경제학자 케네스 볼딩$^{Kenneth\ Boulding}$은 지구가 이를 견뎌낼 수 없는 보잘것없는 존재라는 의미에서 우리 모두 '우주선'에 타고 있을 뿐이라는 말을 남기기도 했다. 게오르게스쿠-뢰겐 $^{Nicholas\ Georgescu-Roegen}$은 '엔트로피 법칙', 즉 열역학 제2법칙에 근거하여 영구적인 경제성장은 절대로 불가능하다는 것을 입증했다. 하지만 기후위기로 온 지구가 박살이 나는 것을 똑똑히 보고 몸소 겪고 있는 지금에 와서도 모든 나라들은 올해에도, 또 내년 후년, 그 이후에도 영원한 경제성장을 꿈꾼다. 세계은행이나 경제협력개발기구$^{OECD}$는 선진국들, 나아가 세계 경제 전체가 2퍼센트 혹은 심지어 3~4퍼센트의 영구적인 경제성장을 이상적이라고 보며, 이를 '지속 가능한 성장'이라고 부르고 있다.

어째서일까? 앞에서 말했듯이 20세기의 인류가 발견한 모든 종류의 인간적 괴로움과 사회 갈등에 대한 만병통치약은 '소비'이기 때문이다. 그리고 그것을 가능케 할 (모든) 개인의 구매력 확보이기 때문이다. 영국의 한 언론인이 뽑은 "어리석기 짝이 없는 최악의 다섯 가지 소비 현상"이라는 기사가 생각난다. 우리가 얼마나 소비에 중독이 되어 별의별 쓸데없는 것들을 다 사고팔고 있는지를 보여주는 내용이었다. 그중 하나는 '이동식 수박 냉장고'였다. 수박이 들어가는 공간이 마련된 플라스틱 손끌개인데, 거기에 무선으로 작동할 수 있는 냉장 장치와 그것을 구동시킬 배터리까지 장착한 물건이었다. 어디서든 시원하게 수박을 즐기기 위해 고안되었다. 이는 개인이든 사회든 삶의 모든 문제를 소비로 해결할 수 있다는 우리의 오랜 고질병이 얼마나 심한지를 잘 보여주는 물건이었다. 이건 극소수의 괴팍스런 취미를 가진 이들의 문제가 아니냐고? 방글라데시의 강가에 가보라. '패스트패션fast fashion'이라는 이름 아래에 우리 모두가 매달 아니 매주 사서 입고 버리고 사서 입고 버리는 온갖 옷가지가 산더미를 넘어 온 들판을 덮고 강물을 막고 있다. 소비가 팽창하지 않는데도 행복하게 살 수 있는 사람은 지금 우리 중에 과연 몇 명이나 될까?

나는 기후학자도 생태학자도 아니지만 생태 위기의 근본적인 문제는 바로 이러한 한없는 소비의 팽창과 그것을 가능케 하는 무한의 경제성장이라는 신화에 있다고 확신한다. 지금 우리를 덮치고 있는 기후위기에 대한 대책으로 재생에너지와 에너지 전환, 나아가 탄소 포집 기술 등의 해법이 나오고, 이를 실현하기 위해 거대한 규모의 투자 및 재투자로 지구적 경제 전체가 들썩이고 있다. 좋은 일이며, 잘되어야 하겠다. 하지만 이러한 기술적 해법만으로 '2050년의 탄소 순배출량 0' 목표를 달성하는 것은 불가능해 보인다. 제아무리 비약적인 기술 혁신이 이러한 방향으로 이루어진다고 해도 80억 세계 인구가 지금까지처럼 소비의 팽창과 경제성장을 원하는 한 모두 밑빠진 독에 물 붓기라고 생각되기 때문이다. 이것이 앞에서 말한 1971년 MIT의 시스템 과학자들이 발표한『성장의 한계』의 핵심적 조언이기도 하다. 우리가 소비와 경제성장, 나아가 우리의 경제활동의 틀이 조직되는 방식에 근본적인 변화를 주지 않는 한, 이러한 기술적 해법이 위기를 늦추거나 조금 완화시킬 수는 있어도 해결책이 될 수는 없다는 것이다.

## 사회적 불평등과 '인적 자본'

전 지구가 갈수록 심해지는 불평등을 겪고 있다는 것 또한 익히 알려진 일이다. 어떤 이들은 불평등이란 태고 이래로 인간 세상에 운명처럼 따라오는 것이고, 안타까운 일이지만 새로울 것도 없으니 딱히 뾰족한 해법을 찾을 일도 아닌 그저 '익숙한 불행'으로 여기기도 한다. 또 논란은 있지만 '절대 빈곤', 즉 생리적인 생활을 이어갈 수 없을 정도의 절대적 빈곤은 줄어들었으니 시간이 지나면 차차 해결될 문제라고 생각하기도 한다. 하지만 지난 30년 동안에 벌어진 불평등은 그 이전의 불평등과 분명히 다른 몇 가지의 양상을 보이고 있다.

첫째, 바로 옆에 살고 있는 사람들 사이에서 나타나는 불평등이라는 점이다. 1980년대 이전까지 불평등의 문제는 주로 선진 산업 국과 개발도상국, 혹은 후진국 사이의 불평등이 주를 이루었다. 나이가 좀 있는 이라면 1980년대까지만 해도 미국이나 캐나다로 이민을 가는 것을 '잘살러 간다'는 식으로 받아들였다는 것을 기억할 것이다. 서구와 일본 등 선진국 안에서도 불평등은 있었지만, 그 불평등의 정도는 지구 반대편 아프리카나 아시아 나라들과의 차이보다는 훨씬 적었다. 국제적인 '노동', 즉 인간의 흐름이 지금처럼 자유롭지 않아서 대부분 자기 나라에 막혀서 살아야 했던 시절이지만, 이를 넘어 이민이 가능한 이들은 그래서 서양이나 일본으로 삶의 터전을 옮기는 것을 일종의 '출세'로 받아들였다.

하지만 지구화, 즉 전 지구적 규모에서의 산업 조직이 본격적으로 벌어지면서 이야기는 달라진다. 중국, 아시아, 아프리카, 유럽, 북미와 남미 어디라 할 것 없이 지구적 분업의 가치 사슬에서 높은 부가가치를 담당하거나 그와 연관되어 있는 이들은 모두 '지구적 중상류층'이 되어 갈수록 부유해진다. 그런데 그 전에 못살던 나라들은 물론이고 본래 스스로를 선진국 사람으로 여겼던 이들도 소득과 자산의 수준이 형편없이 떨어진다. 그래서 불평등은 이제 나라와 나라의 문제가 아니라 똑같은 나라 안에서, 아니 똑같은 도시 혹은 그보다 좁은 지역 안에서도 눈앞에 드러나는 문제가 되었다. 중국 상하이의 중상류층과 룩셈부르크의 중상류층은 비슷한 소득과 비슷한 라이프스타일을 즐긴다. 반면 런던의 하류층은 서울이나 부산의 하류층과 별로 다를 바가 없는 빈곤 상태에 처한다. 불평등은 몇천 년의 문제일지 모르겠지만, 지구적 규모에서 벌어지는 소득과 자산의 격차를 바로 옆 동네 아니 바로 길 건너 지역을 바라보며 매일매일 확인하는 것은 심각한 사회적 갈등을 낳는다.

둘째, 지난 30년 동안에 발생한 불평등은 '조만간 불평등이 줄어드는 세상이 올 것'이라는 약속으로 등장한 지구화의 결과, 다시 말하면 '지구화의 배신'이 낳은 결과라는 점이다. 1990년대에 본격적으로 시동을 걸었던 이 지구화는 전 세계적인 자유무역이라는 이상적 세계를 실현함으로써 평화와 진보, 나아가 고른 부의 분배까지도 모두 가져올 것이라는 약속으로 전 세계를 설득하고 합의에까지 나아갔다. 그런데 30년 넘게 세월이 흘렀지만 그러한 약속의 실현은 요원할 뿐만 아니라 추세로 보면 불평등이 벌어지면 벌어졌지 줄어들 것 같아 보이지는 않는다. 물론 지구화가 아니었다면 기회를 얻지 못했을 많은 이들이 더 좋은 기회를 잡고 더 나은 삶을 살게 된 것은 분명한 일이다. 하지만 그들의 숫자는 별 혜택을 보지 못하거나 오히려 삶이 더 아래로 추락한 이들의 숫자와 비교했을 때 얼마나 큰 의미가 있는가? 여러 숫자를 들어 증명할 필요도 없다. 만약 전자가 후자보다 훨씬 많았다면 사회적 불평등이라는 것이 쟁점이 되지도 않았을 것이며, 설령 되었다고 하더라도 일부 '불평분자'들의 목소리로 머물 뿐 유수의 국제 기관까지 한목소리로 이야기하지도 않았을 뿐더러 선진국과 개발도상국을 넘나들며 정치와 사회를 위기로 몰아넣는 가장 뜨거운 쟁점이 되지도 않았을 것이다.

이 30년간 나타난 새로운 불평등 현상의 두 가지 특징은 공통점이 있다. 개인과 사회의 '심리적' 요인으로서 결정적으로 작용한다는 것이다. 경제적 풍요의 목적은 끼니를 잇지 못하는 사람을 줄인다는 절대적 부의 증가만이 아니다. 개인이 자기의 삶에 집중하고, 이를 통해 사회적 통합과 화해가 이루어지는 건강한 세상의 물적 토대를 닦는 것도 똑같이 중요한 목표이다. 하지만 지금 벌어지고 있는 불평등은 그러한 목표의 달성은커녕 이를 근본적으로 위협하는 일종의 화약고와 비슷한 성격을 갖는다. 노예제 사회나 봉건제 사회에서도 불평등은 있었지만 그것이 반드시 사회를 뒤집어 엎어야 한다는 극단적인 불만의 에너지로 움직인 것은 아니다. 하지만 우리가 사는 현대사회는 분명히 '자유, 평등, 박애'라는 가치를 기반으로 모든 이들이 개인과 집단의 삶을 함께 향유한다는 전후 민주주의의 원칙에 기반하여 세워졌다(1941년 「대서양 헌장」이나 1967년의 「UN 인권선언」을 보라). 그리고 지난 30년간의 지구적 자본주의의 약속 또한 다름 아닌 그러한 세상을 앞당길 수 있는 최상의 방법이라는 명분으로 정당화되어 왔다. 그런데 다른 결과가 나온다면? 개인과 이런저런 집단은 낭패감과 분노로 가득찰 수밖에 없다. 이는 지난 30년간의 정치적 · 사회적 민주주의의 여러 원칙에 대한 거센 도전과 저항으로 나타난다. 세상은 아수라장이 된다. 불평등이 내 문제가 아니라 못사는 사람들의 문제일 뿐이라고 생각하지 말기를……

이는 사회와 정치 전체를 불안정의 소용돌이로 몰아넣어 우리 모두의 일상과 인간적인 '풍요한 삶'을 위협하게 된다.

지금 우리가 신봉하는 경제생활의 틀에서는 '우리의 좋은 삶'이란 없다. 각자 알아서 잘 살려고 움직이다 보면 도대체 누구의 손인지 모를 '보이지 않는 손'이라는 것이 전체를 다 조화롭고 행복한 삶으로 이끌게 되어 있다는 허망한 이야기만 반복적으로 우리에게 주입될 뿐이다. 그 '손'은 도대체 어디에 있으며 언제 오는가? 어떤 경제학자는 '장기적으로 보면 우리 모두 시체'라고 하지 않았는가? 내 이웃이 쪼들리고, 사회 전체가 쪼들리고, 그래서 세상 전체가 악머구리 끓듯 싸움판으로 변하는 이 상황을 만들어낸 지금의 경제생활의 틀은 도대체 언제까지 지속이 가능할까?

## 무기력해진 인간

지금까지의 이야기를 추스러보면, 지금 우리의 경제생활의 틀은 세 층위의 위기에 둘러싸여 있다. 첫째, 자연과 인간의 관계에 있어서 생태 위기를 낳고 있다. 둘째, 인간과 인간의 관계, 즉 사회적 생활에 있어서 경제적 불평등을 낳고 있다. 셋째, 개인의 삶과 마음의 차원에서 허무와 고독과 불안을 낳고 있다. 그래서 이러한 생활의 틀이 과연 언제까지 지속 가능한 것인지에 대해 수많은 사람들이 마음속으로 불안을 느끼고 있다. 21세기의 인류를 보고 풍요한 삶을 누리고 있다고 할 수 있을까? 자연과의 관계를 망치고, 형제자매이웃과의 관계를 망치고, 나 자신과의 관계를 망치면서도 고삐 풀린 준마처럼, 제동기가 고장 난 기차처럼 매일매일 전속력으로 달려가는 삶을 살고 있는 이 한심하고 가엾은 생물종을 누가 풍요한 삶을 누리는 존재라고 할 수 있을까? 명품 핸드백과 고급 자동차가 되었든, 1만 원짜리 네 캔 맥주와 넷플릭스가 되었든 더 소비할 수만 있으면, 이를 위해서 한 푼이라도 더 벌 수 있으면, 그래서 집단적으로 경제성장률을 영 점 몇 퍼센트라도 끌어올릴 수만 있으면 만사형통이라고 가르치는 경제학과 그것으로 조직되는 경제생활을 언제까지 계속할 수 있을까? 이런 세상을 원한 사람은 아무도 없다. 동서고금의 어떤 사람을 끌어와서 지금의 상황을 보여준다고 해도 이게 '잘 사는 세상'이라고 말할 사람은 없으며, 제정신이 박힌 사람 그 누구라도 이런 세상을 그대로 둘 수는 없다고 할 것이다.

그런데 어째서 이러한 세상을 낳은 경제생활의 틀은 한없이 지속되는 것일까? 신이 정해놓은 '섭리'나 별자리가 정해놓은 '숙명' 따위를 믿지 않는 이라면, 개인이 되었든 집단이 되었든 인간이 스스로의 삶을 스스로가 정하고 만들어낼 수 있으며, 또 이를 통해 원하는 미래를 스스로 만들어낼 수 있다고 믿을 것이다. 하지만 지금의 인간은 그렇게 하고 있지 못하다. 멀리서 '회색 코뿔소grey rhino'가 바로 나를 향해 다가오고 있다. 점점 가까이 오는 것은 뻔히 보이지만,

늦었다고 생각할 때는 이미 내 몸이 박살이 나 있겠지만, 나는 가위 눌린 사람처럼 아무런 행동도 취하지 못하고 그저 회색 코뿔소의 모습이 점점 커지는 것을 바라볼 뿐이다. 사무엘 베케트<sup>Samuel Beckett</sup>의 희곡 『고도를 기다리며<sup>Waiting for Godot</sup>』에 나오는 '럭키'와 '포조'를 기억하는지. 럭키는 눈을 뜨고 있지만 말을 하지 못한다. 그 등에 업혀 고삐를 쥐고 있는 포조는 눈이 멀었다. 이 두 사람은 어디에서인가 와서 어디론가 가고 있지만, 앞에 낭떠러지가 나타났을 때는 어떻게 할 것인가? 베케트는 이미 제2차 세계대전이 끝난 순간, 21세기의 인간이 어떤 무기력에 빠져 어떤 운명을 맞게 될 것인지에 대해 소름 끼치는 직관을 보여준 것일지도 모른다.

나는 이러한 무기력의 원인이 그 세 번째 층위인 우리의 허무, 고독, 불안에 있다고 생각한다. 이 문제가 풀린다고 해서 생태 위기와 사회적 불평등의 문제가 순차적으로 풀릴 것이라고 말하는 것은 아니다. 생태 위기나 사회적 불평등이나 그 나름의 복잡하게 꼬인 무수한 문제들을 안고 있고, 또 그러한 문제들을 해결하는 데는 독자적 차원의 이해와 논의가 필요한 것은 물론이다. 하지만 '누가 그 문제들을 풀기 위해 움직일 것인가?'라는 질문을 생각해보면, 우리 개개인이 허무와 고독과 불안에 사로잡힌 존재가 되어 있는 것이 근본 원인이라고 말하는 까닭을 이해할 수 있을 것이다.

허무와 고독과 불안에 사로잡힌 사람은 자기 안에 갇혀 스스로 마음을 달래고 채우는 것 이외에는 다른 일을 할 수 없다. 20세기의 사상가이자 영성가 루돌프 슈타이너<sup>Rudolf Steiner</sup>는 술에 대해 이렇게 말한 적이 있다. 술은 자신의 감각과 의식을 외부로부터 차단하는 도구라고. 술을 마시게 되면 감각은 외부에 대한 지향을 멈추고 내면으로 돌아오거나 마비되며, 의식은 현실 세계가 아니라 자기 내면의 여러 편린을 헤매고 돌아다니게 된다고. 사람은 때로 개인적 존재를 확인하기 위해 외부 세계와 차단할 필요도 있고, 술을 마실 필요도 있으며, 허무와 고독과 불안의 감정을 느낄 필요도 있다. 하지만 슈타이너는 현대는 이미 개인성이 과도하게 넘쳐나는 세상이므로 굳이 술까지 마시지 않아도 우리 모두는 충분히 개인으로 고립되어 있고, 외부 세상과의 관계 속에서 자신의 정신과 활동을 이루는 기회를 충분히 빼앗기고 있다고 말한다. 술에 취한 사람은 세상을 구원하기는커녕 같이 사는 이웃과 가족에게도 짐만 될 뿐이다. 허무와 고독과 불안에 깊이 침식되어 있는 사람도 술취한 사람처럼 아무것도 할 수가 없다.

그래서 나는 열심히 살수록 정신과 마음이 건강한 사람을 키우기는커녕 그 반대 방향으로 사람을 몰고가는 지금과 같은 경제생활의 틀이 무기력한 인간을 만들어내는 근원이라고 생각한다. 무기력한 개인의 대량생산은, 생태 위기와 사회적 불평등 등의 위기와 동일한 뿌리를 가지고 있을 뿐만 아니라 그 위기들을 풀어낼 가능성을 마비시키는 원인이다.

2 ———————      세속 종교가 된 경제학


　　　　　　　　이렇게 위기에 휩싸인 지구적 산업문명
의 현재 상태를 당연한 사물의 질서인 듯 믿게 만들고, 만족스럽지
못한 경제생활에 대해서도 인간을 그저 체념할 수밖에 없는 무기력
한 존재로 만드는 근원은 세속 종교가 된 경제학에 있다. 그래서 인
간을 허무와 고독과 불안으로 몰아넣는 경제생활의 틀에서 끄집어
내고 우리가 사는 세상을 개인적·집단적 이성과 양심에 따른 질서
로 회복할 수 있도록 마음과 몸으로 움직이는 활기찬 인간을 다시
소생시키기 위해서는 그러한 경제학을 넘어서는 새로운 경제학이
필요하다고 나는 생각한다. 하지만 이를 위해서 꼭 짚고 넘어갈 일
이 있다. 현재의 통속 경제학이 이미 사실상의 '세속 종교'가 되어
있다는 현실을 인식하는 일이다.

몰록(Moloch)의 19세기 삽화
찰스 포스터(Charles Foster), 〈성경 그림과 그들이 우리에게 가르치는 것〉, 1897.

세속의 신은 풍요와 다산, 전쟁과 승리, 환락과 행복 등 여러 종류가 있지만 재복신/재물신을 빼놓을 수 없다. 재물신은 동양에서처럼 따스하고 친근한 모습으로 나타나기도 하며, 고대 근동에서처럼 살아 있는 아이를 바쳐야 하는 무서운 괴물로 나타나기도 한다. 술의 신 디오니소스는 술의 환락을 표상하지만 그 신을 따르고자 하는 신도들은 죽음의 고통을 치르는 의식을 반드시 통과해야만 했다.

재물신 또한 멀리 아련히 양팔을 벌리고 우리에게 웃으며 손짓하는 행복과 풍요의 기쁨, 그리고 재물의 획득과 축적을 위해 치러야 하는 희생과 고통을 함께 가지고 있는 것일까. 이 둘은 마치 종이의 앞면과 뒷면처럼 반드시 붙어 있는 것일까. 그렇다면 오늘날 SNS에 넘쳐나고 있는, 어수룩한 보통 사람들이 도저히 범접할 수도 없는 완벽한 이미지들은 그 뒷면에 무엇을 숨기고 있을까. 그것이 고독과 허무, 불안은 아닐까.

## 세속 종교와 인간의 이미지

간명하게 말하자면 세속 종교<sup>secular religion</sup>란 신이나 다른 어떤 형이상학적인 존재에 기대지 않고 지금 우리가 사는 세상의 질서에 근거하여 인간의 이미지와 삶의 의미 살아가야 할 방향을 정하고 그것을 신성시하는 믿음 체계라고 말할 수 있다. 다른 종교들도 있다. 계시 종교는 '모세의 석판'처럼 초월적인 피안으로부터 내려온 명제들, 즉 신께서 '드러내주신<sup>revelation</sup>' 진리를 그대로 믿고 따른다. 여기에는 어떤 의혹도 반론도 토론도 있을 수 없다. 또 내세의 구원으로 초점이 맞춰진 종교도 있다. 지금 우리가 사는 세상은 모두 하루하루 덧없이 흘러가게 되어 있고, 따라서 우리의 존재를 영원이라는 시간 지평 속에서 보장하기 위해서는 구원<sup>salvation</sup>이라는 것을 반드시 손에 넣어야 하며, 이것이 이 지상에서 짧은 몇십 년의 시간 동안 주어진 우리 인생의 의미라는 것이다.

하지만 세속 종교는 전혀 다른 길을 취한다. 초월적인 절대 존재로부터 내려온 명제들을 무작정 믿으며 이를 악물고 지켜내고 사수하는 일 따위를 요구하지 않는다. 또 아무도 가본 적이 없는 죽음 이후의 세상이라는 것 하나를 들이대면서 그때를 대비해 지금의 삶을 바치고 희생할 것을 꿈꾸지도 않는다. 세속 종교는 우리가 살고 있는 지금 이곳의 현세적 삶의 방식과 거기에 스며 있는 가치를 그대로 숭배의 대상으로 삼는다.

이것이 꼭 물질 숭배, 심지어 사탄 숭배로까지 타락해야 할 이유는 전혀 없다. 지금 우리가 살고 있는 세상에도 우리가 경외심을 가지고 부러워하며 진심으로 소중히 여기는 것들은 얼마든지 있으며, 그런 것들은 굳이 신이니 내세의 구원이니 하는 초월적인 옷을 입지 않아도 얼마든지 사람들의 영혼을 사로잡고 움직일 수 있다. 이광수의 소설 『무정』에 나오는 '수부귀다남자壽富貴多男子', 즉 오래 살고, 부유하고, 귀한 신분이 되고, 아들 많이 낳는 삶은 당시의 민초들이 주문처럼 외우며 삶의 목표로 여겨 마지않았을 만한 것들이다. 그리고 이런 것들을 약속하고, 또 그것을 가능케 하는 삶의 방식을 가르쳐주는 곳이 있어서 거기에 관우 신상이건 최영 장군의 신상이건 모셔다 놓는다면 사람들은 스스로 목욕재계하고 제 발로 찾아와 절하고 기도하고 많은 돈을 바치게 되어 있다. 오늘날도 마찬가지다. 인스타그램에 멋진 사진 몇 장을 남기기 위해 차려입고 몇 시간씩 비행기와 기차까지 타고 비싼 돈을 들여가며 '핫플레이스'로 찾아오는 이들로 도시의 밤은 들썩인다.

세속 종교에서 특히 중요한 자리를 차지하는 것은 인간의 이미지다. 다른 종교에서는 신이나 여타 초월적·절대적 존재가 주인공이며, 그 본질과 속성과 존재 양태를 이해하고 찬양하는 것이 핵심을 차지한다. 하지만 신이 없거나 중요하지 않은 세속 종교에서는 인간의 이미지가 중심이 된다. 인간, 즉 우리 자신이 앙모하고 갈망하는 이상적인 '나'의 모습은 어떤가. 단군신화에 그려져 있는 옛날 세상에서는 호랑이나 곰의 모습을 자신의 이미지로 삼아 토템으로 모셨을 것이다. 호랑이처럼 강하고 흉폭한 모습을 이상적인 '나'의 모습으로 삼아 그것을 닮으려고 불철주야 노력하는 사람들도 있었을 것이며, 곰처럼 힘이 세면서도 깊이를 알 수 없는 신비감을 가진 존재를 '나'의 모습으로 꿈꾸었던 사람들도 있었을 것이다. 고대 몽고인과 터키인처럼 용맹하고 영리한 늑대를 이상적인 전사의 모습으로 숭배하는 이들도 있었다.

현대인의 세속 종교와 거기에서 제시하는 인간의 이미지는 우리 주변에서 너무나 쉽게 찾을 수 있다. SNS를 열어보라. '너 왜 그러고 찌질하게 사니?'라고 윽박지르는 듯한 너무나 멋지고 완벽하여 보이는 매력남녀의 모습이 차고 넘친다. 그래서 주눅 든 우리는 걸핏하면 셀카를 찍어보고, 거기에 찍혀 나온 자신의 부족한 모습을 보며 안달하고, 포토샵과 성형수술까지 동원하여 어떻게든 그런 모습으로 우리를 맞추고자 애쓴다. 어떤 초월적 종교도 따라오기 힘든 세속 종교의 강력한 힘이 여기에 있다. 복잡하고 어려운 말도 필요 없다. 내가 어떤 존재인지, 어떤 존재가 되어야 하는지, 그래서 지금 당장 무얼 해야 하는지, 앞으로 어떻게 살아야 하는지, 그러면 어떤 삶이 펼쳐지고 어떤 행복과 쾌락이 찾아오는지에 대해 화끈하고 강력한 메시지를 담고 있기 때문이다.

니체가 말했듯, '신은 죽었다'. 현대사회에서 진정으로 초월적인 존재를 믿고 사는 사람은 결코 다수가 아니다. 하지만 그렇다고 종교가 사라진 것은 전혀 아니다. 그 반대다. 무신론자는 무신론이라는 종교를 믿는 신자일 뿐, 인간은 종교 없이는 하루도 살아갈 수가 없는 동물이다. 신이 죽은 자리를 차지하고 들어선 인류 역사상 가장 강력한 보편 종교가 있다. 그것은 '경제적 인간', 즉 자기이익self-interest을 추구하는 합리적인 개인이라는 경제학 교과서의 인간상을 숭배하는 종교이다. SNS와 광고에 넘쳐나는 이미지는 거기에서 파생된 우상idol일 뿐이며, 이를 '과학적' 논리로 체계화하여 거스를 수 없는 하나의 조직적인 믿음 체계로 만들어놓은 것은 지금 세상을 횡행하는 통속 경제학에서 찾을 수 있다.

## 호모 이코노미쿠스, 경제적 인간

호모 이코노미쿠스homo economicus, 즉 '경제적 인간'이라는 말의 의미는 다음 장과 이 책 전체를 통해 설명할 것이므로 여기서 더 자세히 말할 필요는 없겠다. 그저 핵심적인 의미만을 추려 이렇게 정의해보겠다.

첫째, 철저하게 개인의 이익, 즉 '자기이익'에 입각하여 움직인다. 이 말이 꼭 반사회적이라는 의미의 이기심을 뜻하는 것은 아닐 수 있고, 그 자기이익 안에는 가족과 이웃에 대한 사랑도 있을 것이며, 어쩌면 인류에 대한 헌신 등도 있을 수 있다. 하지만 자기가 원하는 것이 무엇인지, 자기의 이익이 무엇인지를 아주 확고하게 알고 있으며 오로지 그것에만 입각하여 행동한다는 점은 변함이 없다. 둘째, 구할 수 있는 모든 정보를 취합한다. 합리적 선택에 관련되어 있는 정보는 모두 다 체계적으로 수집하고 정리하는 능력을 가지고 있다는 점에서 슈퍼맨이나 슈퍼우먼에 가깝다. 셋째, 관련된 모든 사항을 숫자로 바꾸어 계산한다. 자신의 마음이든, 외부의 유동적 상황이든, 만사만물萬事萬物에 대해 동일한 단위를 써서 그 크기를 숫자(화폐)로 바꾸어놓을 수 있다. 요컨대 자기 개인에게 이로운, 그것도 최선으로 극대치로 이로운 것이 무엇인지를 놓고 방대한 정보와 고도의 계산 기법을 동원하여 순식간에 답을 낼 줄 아는 '이기적인' 슈퍼컴퓨터와 같은 존재이다. 그래서 이러한 경제적 인간의 모습을 미국의 경제사상가 소스타인 베블런Thorstein Veblen은 "쾌락과 고통을 번개처럼 계산해내는 장치"라고 조롱한 적이 있다.

인간 세상, 그것도 가장 완성된 이상적 사회는 모든 사람이 바로 이러한 인간의 모습에 입각하여 생각하고 행동할 때 이루어진다. 그 다음에는 개인의 합리적인 경제적 행동에서 출발하여 개별 시장과 산업의 조직, 경제 전체의 작동, 심지어 결혼, 법률, 교육 등등 다른 모든 제도에 대해서 그 작동 방식과 향후의 바람직한 개혁 방향까지 일사천리로 도출될 수 있다. 그리고 그 최고의 정점으로, '다른 사람의 이익을 건드리지 않는 범위에서 모두가 자기의 쾌락을 극대화하는' 파레토 최적Pareto optimum이라는 이상적인 상태가 나타나며,

현재 상태에서 달성 가능한 최대치의 경제성장도 이루어진다. 생산 활동의 조직과 자원의 배분은 물론, 그밖의 숱한 인간 사회의 문제들도 달성 가능한 수준에서는 최대한 만족스러운 해결을 보게 된다는 것이다. 개인도, 집단도, 사회 전체도 나아가 지구의 인류도 최고의 지복점bliss point에 도달하게 된다.

그야말로 환상적인 상태이다. 어떤 냉소적인 비판자는 이러한 상태, 특히 파레토 최적의 상태를 놓고 '집단적인 오르가즘'이라고 묘사하기도 했으니까. 개인뿐만 아니라 사회 전체도 구원을 받는다. 굳이 죽어서 저세상으로 가지 않아도, 언제 올지 소식이 감감한 구세주나 미륵불을 기다리지 않아도, 우리가 사는 이 세상 지금 여기에서 이룰 수 있는 천국이다. 단 조건이 있다. 모든 개개인이 앞에서 말한 슈퍼컴퓨터 혹은 '번개 같은 계산기', 즉 경제적 인간의 모습에 입각하여 생각하고 행동해야 한다. 불행히도 현재의 세상은 사람들이 그렇게 되는 것을 가로막는 무수한 장벽이 존재하고 있다. 불합리하게 짜인 제도와 관습, 자기이익 추구를 못된 짓으로 보는 잘못된 편견과 통념, 이러한 경제적 합리성 이외의 논리와 목표를 들이밀면서 걸핏하면 시장경제의 작동을 왜곡시키는 잘못된 정치 등등. 따라서 이러한 장치들을 깨끗이 일소하는 방향으로 움직이는 것이 더 좋은 세상을 건설하는 방책이다.

여기에 오늘날의 통속 경제학이 내미는 인간의 이미지, 그리고 그것으로 가져올 수 있는 새로운 세상, 거기에서 우리가 누릴 수 있

는 복된 삶, 이를 앞당기기 위해 우리가 개인 차원에서 또 집단 차원
에서 해야 할 일들이 체계적으로 말끔하게 해명된다. 이것이 현재
를 지배하고 있는 세속 종교로서의 경제학과 그 우상인 경제적 인
간의 모습이다.

3 ——————  **이것이 인간일까**

                      세속 종교의 힘은 거기에서 제시하는
인간의 이미지가 누구도 거부할 수 없을 만큼 현실적이면서도 매력
적이라는 데 있다. 인간은 성스러운 존재도 아니며, 무시무시한 악
마도 아니다. 그저 한 번 태어난 세상 그럭저럭 만족스럽게 살다 가
기를 원하는 대다수의 사람들은 신의 이미지를 본뜬 인간의 모습이
아니라 이 세상에서 흔히 발견되고 내 몸과 마음속에서도 매일 만
나는 그런 인간의 모습을 자기의 이미지로 삼는 것을 더 편하게 여
긴다. 현대사회에서 많은 종교가 퇴조한 자리에 이러한 경제적 인
간을 이미지로 삼은 경제학이 세속 종교의 자리에 오르게 된 것은
그래서 어찌 보면 자연스러운 일일 수도 있다.

    그런데 의문이 떠오른다. 그 '경제적 인간'이라는 것이 정말 현실

에 실제로 존재하는 인간일까? 어쩌면 그 어떤 종교에서 제시하는 인간상보다 더 형이상학적이고 비현실적인 인간의 모습이 아닐까? 한번 물어나 보자. 그런 사람을 실제로 본 적이 있나? 그렇게 무시무시한 슈퍼컴퓨터 혹은 번개 계산기를? 그리고 그걸 그대로 실행에 옮기는 무적의 '터미네이터'를? 또 나 자신은 과연 그런 사람인가? 결코 그런 사람을 본 적도 없고, 나 자신도 그런 사람과는 거리가 멀지 않은가?

그리고 또 하나 대답하기 고약한 문제가 있다. 그런 사람이 어디엔가 분명히 있을 것 같다는 느낌이다. 게다가 나도 그런 사람이 되어야만 할 것 같다. 그렇게 되지 않으면 저 슈퍼컴퓨터가 장착된 터미네이터에게 밀려 언젠가 도태될 것 같은 불안감이 들기 때문이다. 그 사람, 그 경제적 인간은 누구일까? 내 옆에 있는 사람일까? 나도 그런 사람일까? 그런 사람이 될 수는 있을까? 되지 못하면 어떡하나? 그 사람은 도대체 누구일까?


## 인간의 '스냅 사진'으로서의 경제적 인간


스냅 사진은 캔디드 포토<sup>candid photo</sup>, 즉 '정직한 사진'이라고도 부른다. 증명사진이나 기념사진을 찍을 때처럼 정자세로 정면을 바라보는 사진이 아니라 카메라의 존재를 의식하지 않은 상태에서 자연스럽게 움직이는 순간을 담아낸 사진이므로, 오히려 더 솔직하게 있는 그대로의 내 모습을 담아낸다고 볼 수 있다. 그런데 스냅 사진이라고 해서 꼭 내 모습이 진솔하게 담기는 것은 결코 아니다. 하필 눈 감고 인상 쓰면서 콧구멍 후비고 있는 순간을 찍은 '망한 사진'도 흔히 나온다. 이건 내가 아니라고 부인하고 싶지만 나인 건 분명히 맞다. 하지만 분명히 내가 아니기도 하다.

경제적 인간의 여러 성격은 모두 우리의 솔직한 모습이기도 하다. 굳이 과학적 실험을 하지 않아도, 나 스스로의 행태를 관찰해보면 틀림없는 사실이다. 내가 알고 있는 나는 우선 자기이익에 충실한 굉장히 이기적인 사람이기도 하고, 돈의 액수와 숫자를 따지는 계산적 인간이기도 하며, 이익이 걸려 있을 때는 밤새워 검색창을 두드려가며 온갖 정보를 파일로 엑셀로 정리하는 인간이기도 하다. 실제로 이러한 경제적 인간상을 제시하고 묘사했던 경제사상의 대가 중 다수는 이게 실제의 인간이라는 것을 논증하려고 큰 공을 들이지 않았다. 그냥 봐도 내 모습이 맞는 스냅 사진처럼, 이러한 경제적 인간에 대한 묘사는 그냥 들어도 '나구나'라는 느낌이 절로 들기 때문이다.

하지만 이것은 진짜 인간이 아니다. 물고기가 물속을 헤엄치듯이 현실의 시간과 공간 속을 흐르면서 살아가는 '살아 있는 인간'의 모습은 아니다. 사진기라는 인간의 발명품을 이용하여 시간을 인위적으로 정지해놓고서 순간의 모습을 어거지로 담아서 새겨놓은 모조품 이미지일 뿐이다. 큰 물고기를 낚은 낚시꾼은 이를 기록으로 남기기 위해 먹물을 바르고 종이를 덮어 물고기의 탁본을 뜬다. 하지만 종이 위에 새겨진 물고기는 물고기가 아니다. 모습은 그 물고기가 맞지만, 그저 물고기가 남긴 자국일 뿐 그 물고기 자체는 아니다. 내가 비록 자기이익으로 움직일 때가 많지만, 비록 숫자와 액수를 밝히는 계산적 행동을 할 때가 많지만, 밤새워 악착같이 온갖 정보를 모을 때도 많지만, 이 세 장의 스냅 사진을 붙여놓고서 이게 실제로 살아가는 나의 모습이라고 말하는 것은 어불성설이다. 그것은 어탁魚拓 세 장을 붙여놓고서 맛나게 드시라고 말하는 것이나 똑같은 일이다.

이기적인 것도, 계산적인 것도, 합리적인 것도 인간의 모습이 맞다. 하지만 속성properties 세 가지를, 혹은 우연적인 모습accidence 세 가지를 모아놓고 그걸 실체substance라고 우긴다면 아리스토텔레스가 한숨을 쉴 일이다. 경제적 인간은 '나'의 모습을 묘사한 것이 맞다. 하지만 나는 경제적 인간이 아니다.

잠시만 생각해보면 너무나 당연한 이야기가 어떤 사연을 거치면서 망각되었으며, 21세기에 들어오면 급기야 '경제적 인간이야말로 보편적인 인간상'이라는 생각이 어떻게 세상을 횡행하게 되었는지는 다음 장에서 살펴볼 것이다. 문제는, 그렇다면 살아서 움직이는 나를 포착하려면 어떻게 해야 할까이다. 스냅 사진 두세 장을 찍는 것보다는 동영상을 찍는 편이 훨씬 나을 것이다. 어탁보다는 물고기를 어항에 며칠이라도 넣어두는 편이 훨씬 나을 것이다. 하지만 동영상도 어항도 보조적 수단일 뿐이다. 실제의 인간을 포착하기 위해서는 실제의 인간을 이성과 감정을 모두 제쳐놓고 진실한 마음으로 진실하게 느껴보는 것이 훨씬 나은 방법이다. 왜냐면 이 질문을 던지고 탐구하고 있는 나 자신도 인간이며, 내가 포착하려는 대상도 인간이기 때문이다. 바윗돌이나 물고기가 아니라…….

## 인간은 살아간다

『햄릿』3막 1장에 나오는 유명한 햄릿의 독백은 "To be or not to be, that is the question"으로 시작한다. 여기에서의 'to be'와 'not to be'를 단순히 죽음과 삶으로 옮겨 박자 좋게 '죽느냐 사느냐 이것이 문제로다'로 옮기는 것은 명백한 잘못이다. 막상 이 독백을 읽어보면 'to be'란 그저 숨만 쉬고 있을 뿐 아무런 삶도 살아가지 못하는 죽음만도 못한 상태이며, 'not to be'는 오히려 '저 운명이 던져대는 돌팔매와 화살에 맞서 분연히 무기를 들어 끝장을 내버리는' 화끈한 행동으로 그려지기 때문이다. 꼼짝 않고서 숨만 쉬고 삶을 연명하는 것을 우리는 살아 있다고 말하지 않는다. 꿈을 꾸고 계획하고 용기를 내어 움직이는 상태를 우리는 삶이라고 말한다. 설령 그 종착점이 죽음이라고 해도 아무 상관이 없다. 우리 모두 언젠가는 당연히 죽게 되어 있으니까. 그래서 모든 행동을 완성한 햄릿은 독이 온몸에 퍼져 죽어가면서도 친구에게 '호레이시오, 나는 지금 죽었다'라고 기쁘게 외칠 수 있었다. 『햄릿』은 삶과 죽음이라는 두 개의 심연에서 삶의 의미를 스스로 엮어내야 하고 그것을 스스로 행동으로 옮길 때에만 진정 삶도 죽음도 완성할 수 있다는, 인간이라는 존재의 근본적 조건을 깊게 읊어낸다.

살아 있는, 또 살아가는 실제 인간의 모습은 어떤 것일까? 우리는 셰익스피어와 같은 대문호도 위대한 철학자도 또 종교적 성인도 아니지만, 아주 동물학적인 차원에서라도 살아 있는 인간의 모습을 다음과 같이 관찰하고 묘사하는 일은 얼마든지 할 수 있다.

첫째, 사람을 살아가게 하는 것은 사랑이다. 그 사랑의 대상이 연인이건 가족이건 또는 조국의 독립처럼 사람이 아닌 다른 어떤 유무형의 것이건 상관없다. 무엇인가를 사랑하지 않는다면 우리는 아침에 제때 깨어나는 일조차, 밤에 편히 잠드는 일조차 제대로 할 수 없다. 사랑은 욕망과 다르다. 욕망은 근본적으로 자기의 만족을 지향하는 것이며, 다른 어떤 것에 대한 열망도 결국 그러한 자기 만족의 수단으로서 나타나고 있는 것이므로 그 종착점은 자기 자신이다. 하지만 욕망이 아닌 사랑은 그 대상 자체를 목적으로 하고, 자기와 그 대상의 합일을 지향하며, 필요하다면 자신의 욕망과 존재 자체마저 수단으로 삼기까지 한다. 사람은 무엇인가를 사랑하게 되어 있다. 사람의 삶은 사랑에서 나온다.

둘째, 이러한 사랑은 사람에게 꿈을 만들어낸다. 꿈은 사랑$^{Eros}$이 만들어낸다. 욕망은 즉시의 즉자적 만족을 갈망할 뿐, 꿈을 만들어 내지는 않는다. 하지만 꿈을 갖게 만들지 않는다면 사랑이 아니다. 꿈은 지금 여기의 현실과는 다르지만 언젠가 왔으면 하는, 또 언젠가 반드시 와야만 할 어떤 세상과 상황의 모습이다. 시간 의식도 꿈에서 나온다. 꿈이 있을 때 비로소 미래라는 것이 단순한 달력과 시계 위의 숫자가 아니라 자신에게 의미를 던져주는 어떤 상태로서 인식된다. 그 꿈을 꾸고 원하는 지금으로서의 현재, 그 현재로 이어지게 된 과거에 대한 인식도 동시적으로 생겨난다. 시간은 현재라는 정차역에 섰다가 미래로 떠나는 기차이니까.

셋째, 사랑과 꿈은 사람을 움직이게 만든다. 그리고 자기 존재를 다 던지게 만든다. 사람이 가지고 태어난 정신과 육체에 잠재된 능력과 욕망이 그때부터 깨어나기 시작한다. 무언가를 사랑하며 무언가를 꿈꾸는 사람은 무얼 하든 '잘하고' 싶어하기 때문이고, 자신의 머리와 가슴과 몸을 모두 사용하고자 하기 때문이다. 이렇게 사람이 움직이기 시작하며, 삶이 시작된다. 일이 잘되라는 법은 없고, 사랑과 꿈이 뜻대로 가까이 오게 되리라는 법도 없다. 그래서 기쁨, 슬픔, 분노, 즐거움 등의 감정이 생겨나며, 힘내고 지치고 독을 품고 맥이 풀리는 오만 가지 모습도 나타난다.

넷째, 그 결과가 나타나는 추이에 따라 희망과 절망이라는 상태가 생겨난다. 실제 현실에 대한 객관적이고 냉정한 파악에서 나타나는 것이므로 단순한 감정에 그치는 것이 아니라 향후 그 사람이 품어왔던 사랑과 꿈을 더 지속할지의 여부에 영향을 주는 요소가 된다. 그 결과에 따라 한 번의 주기가 지속되기도 하고 거기에서 매듭을 짓기도 한다.

호흡이 있는 한, 심장이 뛰고 있는 한 삶은 계속된다. 사람은 다시 사랑하며, 다시 꿈을 꾸며, 다시 웃고 울면서 위의 순환 주기를 다시 돌게 된다. 26세의 젊은 카를 마르크스$^{Karl Marx}$가 자기 노트에 쓴 바 있듯이, '삶은 다시 새로운 삶을 생성시키는 끝없는 순환 과정'이다. 이 과정은 전 인생에 걸쳐 진행될 만큼 크고 깊은 것일 수도 있고, 좋아하는 악기를 한번 익혀보겠다는 계획처럼 비교적 소소한 것일 수도 있다. 이 무수한 크고 작은 순환 고리들이 엮여서 우리의 인생이 만들어진다.

나는 지금 설명한 바가 인간이라는 특이한 동물이 살아가는 방식이라는 데 대해서는 어떤 논리적 증명이나 경험적 증거도 필요 없다고 생각한다. 살아 있는 사람이라면, 그래서 한 번이라도 몸을 던져서 무언가를 간절하게 해본 적이 있는 사람이라면 누구나 쉽게 이해하고 십분 공감할 이야기라고 생각한다. 이게 스냅 사진이 아니라 정말로 인간 존재의 본질을 완전히 파헤친 깊이 있는 절대 진리인지는 모르겠지만, 최소한 경제적 인간과 같이 스냅 사진 몇 장으로 인간을 파헤쳤다고 우기는 것보다는 실제로 살아가는 사람의 모습을 훨씬 가깝게 포착한 묘사라고 생각한다. 스냅 사진이 아니라 최소한 '동영상' 정도는 된다고 본다.


### 허무, 고독, 불안은 인간의 운명이 아니다


경제적 인간이라는 몇 장의 스냅 사진이 아니라 방금 묘사한 동영상이 현실에 존재하는 인간이라고 받아들이게 되면, 경제적 인간의 이미지를 내세운 통속 경제학의 세속 종교는 무너지기 시작한다. 인간은 자기이익에 근거하여 최대의 쾌락과 최소의 고통을 번개같이 계산하여 선택하는 컴퓨터 프로그램이 아니라, 사랑과 꿈이 있어서 살아야 할 삶이 있고, 그 삶에 자기 몸과 마음을 던지고 갈아 넣으면서 울고 웃고 희망하며 절망하는 존재이다.

나는 이렇게 인간의 이미지를 전환하는 것이 새로운 경제학, '위기 이후의 경제철학'을 구성하는 작업의 새로운 시작점이 되어야 한다고 생각한다. 열심히 몰두하면 할수록 사람을 허무, 고독, 불안으로 몰아넣는 경제생활의 틀, 그래서 자신과 사회와 자연을 조화롭고 아름답게 만들어 나갈 위대한 힘을 가진 존재인 인간을 한없이 왜소하고 무기력하게 만들어서 사회적 불평등과 생태 위기와 같은 큰 차원의 도전도 속수무책으로 방관하게 만드는 경제생활의 틀을 바꾸는 시작점은 인간에 대해 새로운 이미지를 갖는 것이라고 생각한다. 슈퍼컴퓨터가 장착된 터미네이터 같은 경제적 인간은 이미 허무, 고독, 불안이라는 심리적 상태를 운명처럼 떠안도록 설계되어 있는 존재이다. 사람이 자기 스스로를 이러한 존재라고 여기고, 나아가 이러한 존재가 되어야만 더 열심히 경제생활을 하는 것이라는 강박관념에 쫓기고 있다면, 허무와 고독과 불안은 어쩔 수 없이 치러야 하는 대가라고 체념할 수밖에 없다.

하지만 인간은 경제적 인간을 훨씬 뛰어넘는 존재이며, 실제로 자신의 삶을 만들어 나가고자 몸부림치는 살아 있는 현실의 인간은 오히려 허무와 고독과 불안을 몰아내고 극복하는 가장 효과적인 방법으로서 경제생활을 다시 설계하고 다시 만들어 나갈 수 있다. 앞서 인용한 브레히트의 시 구절처럼, 우리 평범한 사람들은 경제생활 속에서 삶의 구원을 찾을 수밖에 없고 또 얼마든지 찾을 수 있다. 소비, 계산적 선택, 경쟁이라는 행동 원칙이 아니라 '좋은 삶', 인생의 꽃 피어남, 협동이라는 행동 원칙으로 조직될 수 있는 경제활동의 틀은 얼마든지 만들어낼 수 있으며, 이미 전 세계 도처에서 그러한 움직임은 시작되거나 진행되고 있다.

그래서 이제 우리가 할 일은 경제적 인간이라는 인간의 이미지가 결코 우리의 참모습이 아니라는 점을 명확히 인식하고, 앞에서 묘사한 바 사랑과 꿈으로 자기의 존재를 던지고 삶을 일구어 나가는 사람들이라면 어떤 대안적인 원칙으로 경제생활을 조직할 수 있는지를 좀 더 구체적으로 살펴보는 일이다. 하지만 그 전에 해야 할 일이 있다. 앞에서 나온 질문, 즉 '어째서 스냅 사진 몇 장을 이어붙인이 허접한 그림이 20세기 후반에 들어와 보편적인 인간상이 되었으며, 그에 기반한 통속 경제학이 절대적인 위치를 갖는 세속 종교, 아니 사실상의 시민 종교*가 되어버렸는가'에 대해 알아보는 일이다.

---

* 시민종교(religion civile)는 18세기 프랑스의 사상가 장자크 루소가 처음으로 만들었던 말로서, 1960년 사회학자 로버트 벨라(Robert Bellah)가 미국의 정치사회를 분석하는 데 사용하면서 더욱 알려졌다. 모든 공민들(citoyen)이 그 의례(ritual)에 마땅히 참여하여 머리 숙여 경배하는 신념의 체계이다. 나는 경제적 인간이라는 인간상과 더 많은 소비/더 많은 경제성장이 현대사회에서 사실상(de facto)의 시민종교로 승격되어 있다고 생각한다.

2부

# 경제적 인간

모든 사람은 인생 스토리를 가지고 있다. '경제적 인간'이라는 존재도 태어나 성장하여 인류의 의식 속에 확고하게 자리 잡는 '우상'이 될 때까지의 인생 스토리가 있다. 이번 장에서는 그 스토리를 엮어보려 한다. 이 책은 학술 서적이 아니므로 학술적 이론과 학자의 이름을 최소한으로 줄이겠다고 약속했지만, 어쩔 수 없이 이 장에서는 여러 학자의 이름과 그들의 주장이 소개될 것이며 이론적인 이야기도 나올 것이다. 하지만 학문적인 이야기로 변하는 것을 피하기 위해 때로는 극도의 단순화까지 동원하여 최대한 쉽게 설명할 것이다. 또 우리의 초점이 경제적 인간의 인생사를 엮어내는 것인 만큼, 그런 이야기들이 어떻게 갑론을박을 거치면서 오늘날까지 전개되어왔는지를 간략하게 엮어볼 것이다. 이 이야기를 통해서 경제적 인간이라는 인간상이 무슨 확고한 과학적 근거를 가지고 있다거나 모든 학자들이 이견을 제기하지 않았던 자명한 것이기는커녕, 몇 백 년 전 사람들의 황당한 미신에서 태어나 엉뚱한 이유와 동기에서 영양분을 섭취하고 지금까지 자라난 개념이라는 것을 말하고자 한다.

# 1 ——— 법칙을 찾아라

  '경제적 인간'이라는 사람이 태어난 때
는 16세기 유럽이라고 보아야 할 것이다. 그 계기는 좀 엉뚱하게도
나라와 사회를 부유하게 만들 수 있도록 상업을 발전시키고 이를
잘 조절할 수 있는, '자연법칙에 맞먹는 경제법칙'을 찾아내고자 하
는 강박관념이었다. 도시국가 피렌체와 네덜란드 공화국에서 니콜
라우스 코페르니쿠스<sup>Nicolaus Copernicus</sup>와 토머스 홉스<sup>Thomas Hobbes</sup>에게
서 태어난 경제적 인간은 19세기 영국의 존 스튜어트 밀<sup>John Stuart Mill</sup>
에게서 어엿한 어른으로 자라나 성인 신고식을 치른다. 하지만 이
를 키워낸 밀 본인도 프랑켄슈타인 같은 경제적 인간이 진짜 사람
이라고 말할 배짱은 없었다. 그저 경제법칙을 찾기 위한 가상의 허
구일 뿐이라는 것.

16세기 유럽은 아수라장이었다. 마르틴 루터<sup>Martin Luther</sup>가 시작한 종교개혁은 유럽 전체를 끝없는 파괴적 전쟁과 내란의 도가니로 몰아넣었고, 사회의 질서를 유지하던 정치·경제·문화·종교의 틀 모두가 근본적인 위기에 처한 상황이었다. 여기에서 새로운 질서를 수립하고자 했던 두 가지의 지적 노력이 벌어졌으며, 그 둘이 합쳐지면서 경제적 인간으로 자라날 씨앗이 생겨나게 된다.

코페르니쿠스는 행성과 천체의 운동만을 연구한 것이 아니었다. 그가 제시한 세계관의 새로움은, 비트겐슈타인<sup>Ludwig Wittgenstein</sup>이 지적한 바 있듯이, 우주가 모종의 지적인 설계자라도 있는 듯 미리 정해진 운동 법칙에 따라 스스로 운동하게 되어 있다는 것이었다. 이러한 행성과 천체의 일사불란한 운동 법칙이 우주에만 존재할 리가 없다. 인간 사회에도 그러한 법칙은 존재할 것이며, 또 16세기 당시 유럽을 대혼란으로 몰아넣고 있었던 화폐의 가치 저하, 즉 인플레이션 현상도 그러한 법칙에 따라 이해할 수 있을 것이다. 그래서 코페르니쿠스는 오늘날의 안목에서 볼 때 화폐수량설<sup>quantity theory of money</sup>에 해당하는 법칙으로 인플레이션에 대한 이론을 전개하기도 한다. 그전까지는 신의 은총과 의지로 설명되던 사회와 경제의 작동을 이제는 천문학적 법칙과 같은 자연법칙으로 설명하고자 하는 태도가 유럽인들의 의식에 확고하게 자리 잡기 시작한 것이다.

이와 맞물려 진행된, 하지만 분명히 구별해야 할 또 하나의 지적인 혁신이 있었다. 인간을 기본적으로 물질 덩어리로, 나아가 하나의 메커니즘으로 작동하는 기계로 이해하기 시작한 것이다. 17세기들어 영국의 철학자 홉스는 그 이전의 아리스토텔레스 철학 등 전통적인 유럽 사상의 인간관을 깡그리 무시하고, 인간을 '무한히 팽창하는 욕망 덩어리'로 보는 혁명적인 관점을 내놓는다. 그리고 기존의 철학에서 인간의 감정과 윤리를 설명하기 위해 마련했던 개념들을 완전히 새롭게 정의한다. 이를테면 '행복$^{felicity}$'이란 무슨 이런저런 거창한 종교적·형이상학적 개념이 아니라, '자신의 팽창하는 욕망이 앞으로도 계속 충족될 가능성이 있음을 예견$^{anticipation}$하면서오는 감정'이라는 자연적 현상에 불과하다는 것이었다. 인간의 '자유' 또한 물체의 자유낙하와 마찬가지로 '아무런 저항 없이 행동할 수 있는 상태'를 일컫는 것에 불과하다고 말한다.

이 두 가지 태도가 결합되면 오늘날 우리가 알고 있는 모습의 경제적 인간을 낳을 수 있는 가능성이 생겨난다. 즉 인간이라는 존재는 경제의 자연법칙을 설명할 수 있는 기본 단위로서, 그러한 법칙과 관련된 몇 가지 속성만을 가진 추상적 존재가 되는 것이다. 말이어려우니 천문학의 경우를 생각해보자.

중세까지의 천문학은 점성술과 구별되지 않았고, 그 논리 또한신비주의와 상징주의로 점철되어 있었다. 수성은 헤르메스 신의 별이었다. 이는 다시 연금술에서 가장 중요한 물질의 하나인 수은과 연결되면서 무수히 많은 의미론적 관계와 함의를 담게 되며, 수성의 운동을 설명하는 논의에서도 그러한 오만 가지 요소들이 끼어들게 된다. 하지만 17세기 이후의 천문학에서는 다르다. 수성이 되었든 비너스 여신의 별 금성이 되었든 아니면 토성 고리의 돌덩어리가 되었든, 모두 다 질량과 힘이라는 두 가지의 속성을 가진 똑같은 물질matter로 환원되어 모두 동일한 자연법칙에 따라 운동하는 존재로 여겨지며, 그것을 통해 태양계의 순환이 설명된다. 여기에서 '질량'과 '힘'이라는 두 이름을 '자기이익'과 '합리적 계산 능력'이라는 두 개념으로 바꾸어보라. 우리는 뉴턴 물리학의 세계에 나오는 '물질'과 똑같은 개념의 '(경제적) 인간'을 얻게 되며, 그것으로 태양계의 영구적인 자연법칙을 구성할 수 있는 것처럼 인간 사회의 경제를 움직이는 영구적인 법칙을 얻을 수 있게 되는 것이다. 이것이 이후 스미스Adam Smith와 리카도David Ricardo를 거쳐 21세기까지 장구하게 이어지는 경제학의 방법론이 된다.

하지만 여기에서 우리는 철학자 화이트헤드Alfred Whitehead가 근대 과학의 함정으로 지적했던 '잘못 놓여진 구체성의 오류the fallacy of misplaced concreteness'의 비판을 기억해야 한다. 화이트헤드는 뉴턴 물리학을 전후한 17세기의 근대과학이 '추상적 개념을 구체적 사실로 잘못 놓는' 오류에 빠졌다고 비판한 바 있다. 수성의 공전 궤도를 도출하기 위해 수성을 '질량과 힘이라는 두 가지 요소만을 가진 물질'로 생각할 수 있지만 이는 어디까지나 특정한 목적을 위한 추상적 개념일 뿐 실제로 존재하는 수성은 아니다. 그런데 이를 실제로 존재하는 수성으로 착각하는 오류가 근대 이후의 과학에서 종종 벌어져왔다는 비판이었다. 앞으로 보겠지만 적어도 애덤 스미스나 존 스튜어트 밀, 심지어 20세기의 프랭크 나이트<sup>Frank Knight</sup>까지만 해도 이러한 착각을 저지를 만큼 어리석지는 않았다. 하지만 20세기 말과 21세기가 되면 도처에서 창궐하고 있는 것이 바로 이 '경제적 인간'을 현실의 인간으로 착각하는 '잘못 놓여진 구체성의 오류'이다.

## 욕망과 상업

이러한 사상적 운동만으로 경제적 인간이 태어난 것은 아니다. 그것의 출현을 필요로 하는 현실의 변화가 있었으니, 상업의 발전이었다. 이는 인간의 이기적 욕망을 전면적으로 긍정하는 사상과 정책 및 제도의 변화를 요구했다.

이미 15세기 이탈리아 북부의 상업 도시국가에서부터 이러한 사상을 담은 저작들이 나타난다. 가톨릭 교리는 상업과 고리대를 통한 이윤의 추구를 천한 행위로, 심지어 '죽음에 이르는 대죄<sup>deadly sin</sup>'로 저주하면서 상인들에게 기부를 강요하고 윽박질렀다. 그러나 도시국가 공화국을 이끌던 부유하고 힘 있는 그리고 교육까지 받은 상인들은 사람들의 탐욕은 죽을 죄는커녕 나라와 사회를 부유하게 번성하도록 만드는 원동력으로 적극 찬양하기 시작한다. 이는 16세기에는 영국 튜더 왕조의 행정가 토머스 스미스Thomas Smith, 17세기에는 프랑스 루이 14세의 재상 콜베르Jean-Baptiste Colbert 등의 생각과 정책에서도 분명히 나타나게 된다. 네덜란드 공화국처럼 상업 활동을 아예 국가가 나서서 적극적으로 장려하고 뒷받침하는 새로운 형태의 국가까지 나타난다.

즉 근대 초기 들어 상업 및 제조업 활동이 경제의 핵심적인 부분으로 부상하는 일이 거스를 수 없는 대세로 자리 잡으면서, 그러한 활동의 행동 원리인 자기이익 추구를 적극적으로 긍정하는 것이 하나의 시대정신처럼 자리를 잡아갔던 것이다. 그 절정은 버나드 맨더빌Bernard Mandeville이 자신의 풍자시 「투덜대는 벌집」을 바탕으로 쓴 『꿀벌의 우화The Fable of the Bees : or, Private Vices, Public Benefits, 1714』일 것이다. 도시의 부자들과 상류층은 범죄자 악한들과 하나도 다를 바가 없는 온갖 악덕의 소유자이지만, 그 악덕과 탐욕을 채우려고 난리를 치는 가운데 역설적으로 상업과 제조업이 발전하여 사회 전체가 부유하고 행복해진다는, 곧 '사적 개인에게는 악덕인 것이 공공에게는 미덕이 된다'는 역설을 담은 이 책은 18세기의 유럽 사회 전체에 큰 물의를 일으킬 정도로 유명해진다.

하지만 기억할 것이 있다. 이들 중 누구도 그 '탐욕'을 무제한으로 풀어놓아도 된다고 생각하지 않았다. 어디까지나 이는 발전의 '원동력'일 뿐이며, 인간과 인간 세상은 그와 무관한 여러 감정과 측면과 삶을 가지고 있으므로, 탐욕이 날뛰는 시장이 이런 것들을 마구 해치는 일이 없게 하려면 도덕적인 정부가 공공선을 쫓아서 지혜로운 규제를 강력히 시행해야 한다고 보았기 때문이다.

## 애덤 스미스

경제적 인간의 탄생과 성장 과정에서 절대 빼놓을 수 없는 저작이 애덤 스미스의 『국부론*An Inquiry into the Nature and Causes of the Wealth of Nations, 1776*』이다. 스미스는 이 저작에서 인간에게 오로지 두 가지의 속성만을 부여한다. 첫째는 자기이익의 이기심이며, 둘째는 합리적 이성이다. 모든 동물은 자기이익을 추구하게 되어 있지만, 인간은 언어를 통한 대화와 이성의 능력을 가지므로 각자가 만든 것을 교환하는 게 서로에게 이익이 된다는 것을 이해하는 존재라고 한다. 그리하여 교환이 나오고, 시장이 나오고, 화폐가 나오고, 노동 분업이 나타나고, 등등. 국제무역과 식민지무역과 관세에 대한 이야기까지 나오면서 그 잘 알려진 '보이지 않는 손'에 의한 이상적 세계의 모습으로 완성된다. 마르크스에서 하이에크*Friedrich Hayek*까지 좌파와 우파를 가리지 않고 학자, 언론인, 관료, 정치인을 모두 포함하여 '시장경제'를 논하는 모든 이들은 이제 그가 제시한 경제적 인간의 모습과 거기에서 도출되는 시장의 '운동 법칙'을 이야기의 준거점으로 삼게 된다. 이에 경제적 인간의 신화가 완성된다.

　하지만 분명히 기억해야 할 것이 있다. 스미스의 생각은 경제적 인간이 진짜 현실의 인간이라고 이야기하는 것이 결코 아니었다. 오히려 그 반대에 가깝다. 실제의 인간은 동정심과 공감을 비롯한 여러 '도덕 감정moral sentiments'에 의해 움직이는 존재라는 것을 확고한 전제로 삼는다. 비록 시장터에 등장하는 인간들은 이기심으로 무장하고 주판알만 튕겨대는 이들로 나타나지만, 그들의 행동 저변에는 인간들이 서로 어울려 살면서 도덕과 자유를 추구하는 '거대한 인간 사회Great Society of Man'가 버티고 있다는 점을 강조한다. 그래서 경제적 인간과 시장경제는 그저 한 측면일 뿐, 이것을 실제의 인간 그리고 실제의 인간 세상 자체와 동일시해서는 안 된다는 생각이 분명히 나타난다. 그래서 스미스는 무작정 이익만 추구하면서 세상을 어지럽히는 존재라고 보았던 대상인과 독점 대기업을 혐오했고, 이들에 대해서는 여러 특권의 철폐와 더불어 엄격한 규제도 가할 줄 아는 강력한 정부가 반드시 필요하다고까지 주장했다. 스미스는 경제적 인간의 이미지를 완성한 이였지만, 그것의 한계와 위험성도 똑같이 주장했다.

이렇게 분명히 균형을 취하고 있던 스미스의 '경제적 인간'이라는 개념은 그의 다음 세대 경제사상가인 토머스 맬서스<sup>Thomas Malthus</sup>나 데이비드 리카도에 오게 되면 점점 단순하고 빈약하면서 더 극단적인 모습으로 왜소화하고 왜곡되기 시작한다. 이들은 스미스보다 더욱 격렬하게 시장경제의 운동 법칙이 물리학이나 화학, 농생물학 같은 자연과학의 법칙과 똑같은 의미의 자연법칙이라고 생각했고, 인간은 그 법칙에 따라 움직이는 알갱이 입자에 불과하다고 여겼기 때문이다. 그래서 이들은 인간이라는 존재가 그러한 경제적 인간으로서의 성격을 결코 벗어날 수 없으며, 거기에서 생겨나는 경제법칙의 작동을 절대로 피할 수 없다고 믿었다. 따라서 정책, 제도, 윤리, 문화 등의 인공물로 그 작동을 지연시키거나 회피하려 들어봐야 상황만 더욱 악화시킬 뿐 결국은 헛된 짓이 되고 자연법칙으로서의 경제법칙은 어김없이 결과를 낳게 된다고 보았다.

이를 잘 보여주는 극명한 예가 맬서스의 '인구 법칙' 그리고 리카도의 '임금 철칙'일 것이다. 맬서스는 인간이라는 존재를 성욕에 지배되는 짐승에 불과하다고 보았다. 따라서 밥을 먹고 젓가락 들 힘만 있으면 끊임없이 아이를 쏟아놓게 되어 있으며, 이를 막을 수 있는 길은 오직 '젓가락 들 힘도 없을 정도로' 굶기는 것뿐이라고 믿었다. 그러지 않으면 결국 식량 부족으로 떼죽음이 불가피할 것이라는 것이다. 이유가 있었다. 토지의 식량 생산은 결코 지수함수로 늘어나는 인구 증가율을 따라갈 수 없기 때문이었다. '수확체감의 법칙'이 작동하는 농업 생산은 결국 비옥도가 덜한 땅까지 털어야만 하기 때문에 점점 증가율이 줄어들 수밖에 없다는 것이다. 그래서 성직자이기도 했던 맬서스는 신혼부부들 집집마다 찾아다니며 금욕을 설파하기도 했다고 한다.

리카도는 이러한 맬서스의 논리를 받아들여, 노동시장에서의 임금 수준은 결국 최저 생계 수준, 즉 노동자라는 집단이 인구 감소를 겪을 만큼 빈곤하지도 않고, 또 인구 증가를 보일 만큼 풍족하지도 않은 수준에서 고정될 것이라는 주장을 하나의 자연법칙으로 내밀었다. 노동자들이 풍족하다면 아이를 더 낳을 것이며, 7~8세의 아동이 공장에 취직하는 것이 이상한 일이 아니었던 당시의 영국에서는 이러한 인구 증가가 노동 공급의 증가로 이어진다는 것이다. 그렇다면 임금은 다시 떨어질 것이며, 그러다 너무 떨어져서 노동자들이 아이를 만들 힘도 없어질 정도가 되고, 급기야 생필품 부족으로 죽어나가기 시작하면 노동 공급의 감소로 인해 임금이 다시 오르는 과정이 반복된다는 것이다.

코페르니쿠스와 뉴턴이 이러한 주장을 들었다면 어떻게 반응했을지는 모르겠지만, 이러한 논리가 그들이 꿈꾸었던 자연법칙을 최소한 흉내 낸 모습이라는 점만큼은 맞다고 보인다. 맬서스와 리카도의 '경제법칙'에서 인간은 몇 개의 속성 혹은 성질만을 부여받은 존재로 가정되어 있다.

## 밀의 '수줍은' 경제적 인간

애덤 스미스의 저작에서 영감을 받아 시작된 영국 고전파 정치경제학은 맬서스와 리카도를 거쳐 철학자로도 유명한 존 스튜어트 밀의 1848년 저작 『정치경제학 원리*Principles of Political Economy*』로 집대성된다. 여기에서 밀 또한 이 경제적 인간을 '과학적' 법칙으로 구성되는 자신의 정치경제학 논리 체계의 기본적 단위로 활용한다.

하지만 밀 또한 자신의 경제적 인간이 현실에 실재하는 인간이라고는 전혀 생각하지 않았다. 이러한 인간은 '인간의 본성 전체를 다루는' 것은 전혀 아니며, 오로지 정치경제학이라는 법칙 수립의 목표에 따라 '부를 욕망하는 인간에게만' 관심을 둔다는 것이었다. 따라서 경제학자도 그러한 오류를 범해서는 안 된다고, 아니 범할 리가 없다고 말한다. '그 어떤 정치경제학자도 실존하는 인류가 이런 존재라고 생각할 만큼 정신이 나갔을 리는 없다'고 말한다. 그저 이는 어디까지나 '과학적 작업을 위해 어쩔 수 없이 취하는 방식'일 뿐이며, 추상적 법칙을 구성하기 위한 허구일 뿐이라는 것이다.

밀의 저작에서는 경제적 인간이 주인공이지만, 이는 어디까지나 '수줍은' 주인공일 뿐이다. 경제학의 추상적 법칙, 즉 '원리*principle*'를 구성하기 위한 가상의 추상적 허구일 뿐이다. 실제 세계의 온기와 밝은 빛이 다가오는 순간 수줍게 무대 뒤편으로 사라질 모습이다. 밀은 경제학자였을 뿐만 아니라 논리학, 인식론, 사회 및 정치철학에 걸친 풍부한 사상가였다. 따라서 인간이라는 존재의 폭이 너무나 넓다는 것을 누구보다도 잘 알았을 것이다. 그는 인류 역사상 슈퍼컴퓨터에 가장 접근했던 사람 중의 하나였을 것이다. 열 살 이전에 그리스어와 라틴어를 통달하고 플라톤을 줄줄 외웠던 신동이었던 데다가 뛰어난 공리주의 철학자였던 아버지 제임스 밀<sup>James Mill</sup>에 의해 기계와 같은 천재 교육을 받으며 자랐던 이니까. 하지만 메마른 성장 과정을 거쳤던 그도 이런 '앙상한' 경제적 인간이 실제의 인간이 아니라는 것은 분명히 경고한 바였다.

이렇게 해서 오늘날 경제학의 할아버지라고 할 영국의 고전파 정치경제학이 만들어진다. 내면에는 아무것도 없으며 오로지 자기이익과 합리적 계산 능력이라는 두 가지의 성질만을 부여받은 '질료'로서의 인간을 기초로 하여 뉴턴 물리학과 닮은 체계를 만들어 내는 일이 이루어졌다.

심리학자이자 인류진화생물학자인 조지프 헨릭<sup>Joseph Henrich</sup>은 경제적 인간, '호모 이코노미쿠스'가 현실에 실제로 존재하는지를 찾아내고자 했다. 그래서 사회 시스템과 문화적 의식 등에서 아주 이질적인 24개의 사회를 놓고 여러 전공의 전문가들로 짜여진 연구진을 구성하여 장시간 체계적인 조사와 비교를 진행했다. 그러나 그런 인간은 찾아낼 수 없었다고 한다. 지상에 존재하는 그 어떤 '호모 사피엔스'도 그러한 경제적 논리에 따라 움직이지 않았으며, 그들의 행동은 항상 다른 논리로 움직였다고 한다.

하지만 마침내 호모 이코노미쿠스가 발견되었다. 침팬지였다. 조지프 헨릭은 간단한 실험을 통해 침팬지야말로 경제학 교과서에 나오는 논리로 구성된 모델로 그 행동을 놀라울 정도로 예측할 수 있는 동물임을 발견했다. 침팬지의 학명은 '판 트로글로디테스<sup>Pan troglodytes</sup>'로서, '호모<sup>Homo</sup>' 속에 들어가는 동물이 아니다. 경제적 인간은 그래서 인간이 아니다. 프리드먼<sup>Milton Friedman</sup>은 현실의 인간과 전혀 맞지 않는 전제라고 해도 그 행동을 예측할 수만 있다면 만족스러운 경제학 모델로 인정해야 한다고 했다. 그가 옳다. 적용되어야 할 동물을 잘못 찾았을 뿐이다. 경제적 인간의 경제학은 '침팬지 경제학'이라고 부르는 것이 과학적이다.

David Sloan and Joseph Henrich, "Scientists Discover What Economists Haven't Found: Humans", Evonomics, 12 July, 2016. (https://evonomics.com/scientists-discover-what-economists-never-found-humans/)

2 ——————  경제적 인간을 놓고 벌어진
'전투'


         하지만 19세기 후반이 되면 1차 산업혁
명은 영국뿐만 아니라 유럽 대륙 전체를 뒤덮게 된다. 18세기 뉴턴
물리학 비슷한 경제학이 과연 이러한 현실에서 사람들에게 설득력
이 있었을까? 그리고 그 기초가 되는 '경제적 인간'이라는 것도 과
연 보편적인 인간상으로서 사람들에게 널리 받아들여졌을까? 그렇
지 않다. 오늘날의 경제사상사와 심지어 지적 사상사<sup>history of ideas</sup>에
서조차 거의 언급하지 않고 있지만, 19세기 후반의 경제사상은 이
러한 영국식 고전파 정치경제학의 인간관과 그 귀결로 나타나는 경
제학 체계에 대한 지독한 싸움으로 점철되었다고 할 수 있다.

# 경제학이 찢어지다

아주 냉소적인 반응은 후발 산업국인 독일에서 나왔다. 빌헬름 로셔<sup>Wilhelm Roscher</sup>, 카를 크니스<sup>Karl Knies</sup>, 브루노 힐데브란트<sup>Bruno Hilde-brand</sup> 등을 1세대로 하는 독일 역사학파 경제학은 영국식 고전파 정치경제학을 전면 거부했을 뿐만 아니라, 그 기초가 되는 경제적 인간 또한 거부했다. 이들의 접근은 총체적인 인간을 그대로 관찰 기술하고, 그들의 행위와 삶이 드러난 역사 전체를 총체적으로 보면서 인간의 경제생활과 경제 제도를 역사적으로 파악한다는, 그야말로 역사주의적 접근법의 발로였다. 인간은 아이들이나 보는 『로빈슨 크루소』 같은 소설에나 나올 법한 고립된 개인이 아니라고 말한다. 다른 사람들과의 삶 속에서 살아가고, 여러 감정과 동기를 가지며, 인간 세상의 법과 정치와 문화 등 여러 제도와의 관계 속에서 살아가는 가운데 도덕, 예술, 과학, 공동체 등 다양한 가치를 추구하며 살아가게 되어 있는 존재라는 것이다. 2세대의 역사학파를 이끌었던 구스타프 슈몰러<sup>Gustav Schmoller</sup>는 프로이센 통일 독일의 권력 있는 학자가 되어, 아예 이런 '유치한 영국식 경제학'을 가르치는 경제학자들을 독일 학계에서 모조리 몰아내겠다고 나서기도 했다.

하지만 영국 고전파 정치경제학의 전통은 끝나지 않았고, 오히려 더욱 그 경제적 인간을 극단화하는 방향으로 치달아간다. 수학에 능통한 영국의 윌리엄 스탠리 제번스<sup>William Stanley Jevons</sup>는 밀처럼 경제적 인간을 제시하는 어설픈 과학 법칙에 전혀 만족할 수 없었다. 그래서 그는 공리주의 철학의 창시자인 제러미 벤담Jeremy Bentham이 제창했던 '행복의 미적분학felicific calculus'을 받아들여서 인간의 행복을 열 몇 가지로 범주화했고, 미분학의 방법을 이용하여 그 경제적 인간의 행위를 정밀하게 추적할 수 있는 수학적 기초를 마련했다. 제번스 혼자가 아니었다. 오스트리아 비엔나의 경제학자 카를 멩거Carl Menger 또한 비록 수학적 기법에 크게 의존하지는 않았지만 더욱 설득력 있는 언어로 오로지 자신의 주관적 만족과 그 계산에만 의존하여 움직이는 인간의 모습을 체계적으로 제시했다. 이에 새로운 고전학파, 즉 신고전학파 경제학이 생겨난다.

2차 산업혁명이 막 시작되고 있었던 19세기 말과 20세기 초 유럽의 경제사상가들은 이렇게 경제적 인간이라는 존재를 놓고 두 갈래로 찢어지고 있었다. 한쪽에서는 이를 어린아이들이나 읽을 만한 유치한 우화라고 냉소했던 반면, 다른 한쪽에서는 오히려 이를 더욱 밀고나가서 수학적·물리학적인 논리의 구성 단위가 될 수 있을 만큼 추상적인 존재로 만들었다. 한쪽에서는 그러한 고전파 경제학은 잊어버리고 대신 역사·사회·문화 제도 등을 폭넓게 보자는 쪽으로 나아갔고, 다른 한쪽에서는 그러한 경제적 인간의 행동 논리를 더욱 추상화해 엄밀한 수학적 논리로 구성하자는 쪽으로 나아갔던 것이다. 19세기 후반 유럽의 경제학계는 이렇게 '원수'가 되는 방향으로 찢어져갔다. 그리고 이들 사이의 싸움이 곧 시작된다.

이 두 가지 방향의 경제학이 곧 '방법론 전쟁<sup>Methodenstreit</sup>'을 벌이게 된다. 포문을 연 두 주인공은 독일의 슈몰러와 오스트리아의 멩거였다. 크게 보면 앞에서 말한 두 가지 방향의 경제학 중 어느 쪽이 방법론으로서 우월한가라는 싸움이었다. 슈몰러가 이끄는 독일 역사학파 측에서는 역사와 사회와 '총체적 인간상'을 파악하기 위해서는 역사적·총체적 방법론에 의거하여 여러 경험적 데이터를 모아야 하며, 인간이 어떠한 존재인지는 그러한 인류 경제생활의 진화사가 진행된 지난 5천 년 이상의 시간을 종합적으로 구성한 다음에야 말할 수 있다는 것이었다. 멩거가 이끄는 오스트리아 학파의 순서는 정반대였다. 상문서, 통계표, 법전 등 온갖 잡다한 역사적 데이터를 모으고 '귀납'해본들 그게 어느 세월에 경제적 행위자로서의 인간의 성격을 밝혀줄 수 있겠으며, 또 유효한 경제정책을 낼 수 있겠는가? 그러한 데이터 덩어리를 일도양단처럼 정리하고 분류해줄 수 있는 한 줄기 빛, 즉 '이론'이 먼저 있어야 하지 않은가? 그리고 그러한 이론을 구성하기 위해서는 먼저 가설적으로나마 경제적 인간이라는 인간상을 받아들여야 하지 않겠는가?

이 싸움은 지독했고, 오래갔다. 독일에서는 멩거식의 신고전파 이론을 신봉하는 이들은 경제학자 취급을 받지 못하고 대학에서 밀려났으며, 오스트리아 비엔나 등지에서도 비슷한 일이 벌어졌다. 이

지독한 '전쟁Streit'은 독일 역사학파 3세대라고 할 막스 베버Max Weber 와 오스트리아 학파의 신동인 조지프 슘페터Joseph Alois Schumpeter가 나오면서 비로소 해소되기 시작한다. 하지만 여기서 꼭 기억해야 할 것은, 심지어 멩거조차도 실제의 경제생활과 자신이 구성한 추상적 경제 이론이 다른 차원의 문제라는 것은 똑똑히 인식하고 있었다는 점이다. 그는 결코 역사적·전체론적 접근을 반대한 것이 아니었다. 또 자신의 '순수 이론'에서 곧바로 유효한 경제정책이 도출될 수 있을 만큼 인간이 단순한 존재가 아니라는 것도 잘 알고 있었다. 그가 실제의 인간이 살아가는 경제생활은 자신이 이론화한 경제적 인간의 '최적화 행동sparend'에서 나오는 게 아니라는 것을 얼마나 잘 인식하고 있었는지는 그의 사후인 1923년에 출간된 대표 저작 『경제학 원리Grundsätze der Volkswirtschaftslehre, 1871』 2판에서 잘 드러난다.

## 경제인류학 대 시카고 경제학

어쨌든 이렇게 시작된 '경제적 인간' 개념에 대한 비판은 20세기 전반까지 꽃을 피운다. 이 시대에 획기적으로 발전된 역사학과 유럽 제국주의의 팽창으로 폭발적인 발전을 하게 된 인류학은 과연 경제적 인간이라는 것이 존재하는 실재인지를 까마득한 과거로 회귀해서, 또 (유럽에서) 멀고 먼 남태평양까지 나가서 실제의 역사 데

이터를 모아 확인하기 시작한다. 이에, 넓은 의미에서의 경제인류학economic anthropology이라는 학문이 생겨난다.

대략 1930년대까지 여기에서 집대성된 결론은 경제적 인간이란 존재한 적이 없으며, 현실의 인간과는 전혀 동떨어진 추상적·사변적 구성물이라는 것이었다. 따라서 20세기 대부분의 기간 주류 경제학의 자리를 차지했던 제번스, 멩거, 발라Léon Walras 등의 신고전파 경제학은 현실과 동떨어진 추상물일 가능성이 높다는 것이었다. 이를 가장 적극적으로 제기한 이는 '원시 및 초기' 인류의 경제생활을 연구했던 미국의 인류학자 멜빌 허스코비츠Melville Herskovitz였다. 그는 이러한 경제사학과 경제인류학의 성과를 들어 경제적 인간을 전제로 이론을 구성하는 신고전파 경제학의 '정통 학설orthodoxy'에 야심 찬 도전을 한 것이다. 이는 그 개인의 작업 성과만이 아니었다. 앞에서 말한 대로 19세기 후반 이후 독일 역사학파 경제학을 필두로 계속 축적된 연구, 즉 '경제적 인간이란 존재하지 않는다'라는 수많은 논문과 저작들이 축적된 결과로 나온 것이라고 볼 수 있다.

압도적인 역사적·인류학적 데이터로 '경제적 인간이란 근거가 없는 허구에 불과하다'라고 치고 나오는 이러한 심각한 도전에 대해 신고전파 경제학자들의 반응은 어떠했을까? 예상할 수 있으면서, 또 예상 밖으로 놀랍기도 한 논리가 나온다. 미국 시카고대학교 경제학과 교수로서, 이후 스티글러George Stigler나 프리드먼Milton Friedman 등 신자유주의 경제학의 산실로 유명해지는 시카고 학파의 아버지라고 말할 수 있는 프랭크 나이트가 이러한 공격을 가볍게 무시하는 그야말로 요즘 속어로 '신공'에 가까운 논리를 편다. 한마디로 말해서, 이러한 비판자들은 경제학 이론의 성격을 조금도 이해하지 못한 무지한 자들이라는 것이었다. 경제학에서 경제적 인간이라는 인간관을 취하는 이유는 그것이 현실에 존재하는 인간에 대한 정확한 묘사라서가 아니라, 시장경제가 작동하는 바를 '과학적'으로 설명할 수 있는 '법칙'을 정립하기 위한 목적에서 나온 일종의 작업상의 허구working hypothesis에 불과하다는 것이다. 실제의 인간이 경제적 인간이 아니라는 것이 무엇이 중요한가? 경제학의 목표는 논리적으로 완결된 경제법칙을 구성하는 것이며, 이를 통해서 시장경제의 운동을 설명하고 예측하는 것이다. 따라서 현실에 존재하는 인간들이 역사적·사회적으로 경제적 인간과 전혀 다른 방식으로 경제활동을 했었으며 지금도 하고 있다는 것은 경제학을 비판할 수 있는 논리가 전혀 되지 못한다는 것이다.

나이트는 여기에서 한술을 더 뜬다. 이기심과 계산적 능력만 부여받았던 경제적 인간에게 이제는 완벽한 지식과 예견 능력까지 부여하는 것이다. 안 될 것도 없다. 어차피 경제적 인간은 현실의 인간을 묘사한 것이 아니라 경제법칙을 구성하기 위한 추상적 개념일 뿐이니까. 법칙만 논리적으로 구성할 수 있고, 그것으로 현상에 대한 설명과 예측만 가능하게 해준다면 무슨 터무니없는 성격 부여라고 해도 허용되지 말라는 법이 없으니까. 그리하여 프랭크 나이트는 경제인류학의 공격 앞에서 위축되기는커녕 오히려 경제적 인간을 이제 그야말로 슈퍼컴퓨터 터미네이터로 만들어버린다. 케이트 레이워스Kate Raworth 같은 이는 그래서 이를 두고, 원래부터 실제 인간의 '캐리커처'였던 경제적 인간이라는 개념이 나이트를 거치면서 완전히 비현실적인 '만화 캐릭터'로 변해버렸다고 묘사하기도 한다.

20세기 후반까지도 나이트가 속했던 시카고대학교 경제학과는 경제학의 주류적인 위치에 선 곳이 아니었고, 나이트가 상정했던 슈퍼컴퓨터 터미네이터와 같은 경제적 인간이 경제학계 전체의 입장이라고 보기도 힘들었다. 하지만 그의 제자이자 동료였던 밀턴 프리드먼이 1966년에 『실증 경제학 논집Essays in Positive Economics』을 출간한다. 프리드먼은 경제학이란 무엇보다 '실증 경제학'이 되어야 하므로 경제 현상의 예측이 가장 중요하다고 주장한다. 그래서 이렇게 예측을 가능케 하는 논리와 모델을 구성할 수만 있다면 아무리 비현실적인 가정이라도 모두 허용되며, 오로지 관건은 그렇게 해서 얼마나 만족스런 예측 능력을 얻을 수 있느냐가 되어야 한다고 주장한다. 그리고 그가 1970년대 이후 경제학의 슈퍼스타, 아니 중시조쯤 되는 위치로 올라서면서 이야기는 달라진다. 20세기 말의 경제학에서 경제적 인간은 자기이익과 합리적 계산 능력뿐만 아니라 완벽한 지식 및 예측 능력까지 두루 갖춘 존재로 한층 업그레이드되며, 경제학의 당연한 전제의 자리를 차지하게 된다. 허스코비츠의 시도는 경제적 인간과 신고전파 경제학을 무너뜨리기는커녕 오히려 더욱 강고하게 만드는 역설적 결과를 낳은 셈인지도 모른다.

문제는 그래서 프리드먼 본인이나 그 방법론을 따른 경제학이 과연 빛나는 '예측 능력'을 보여주었느냐는 것이다. 이것만 보여준다면 프리드먼의 모든 논리도 성립할 수 있겠지만, 그렇지 못하다면 프리드먼 자신이 내건 기준이 예측 능력이었으니 스스로의 기준에 따라 그러한 경제적 인간도, 또 그에 기반한 경제 이론과 모델도 폐기되는 것이 당연한 일이다. 하지만 과연 이러한 신묘한 예측 능력이 발휘되었는가? 천만의 말씀이었다. 여기서 상술할 수 없을만큼 큰 주제이지만, 프리드먼이 내걸었던 '통화주의monetarism' 경제 이론이 1970년대와 1980년대의 미국과 영국에서 어떻게 실험되었고 어떤 처참한 말로를 걸으면서 사라졌는지는 꼭 기억해야 한다.

3 ——————— **'삶이 예술의 모방'이
되어버리다**

　　사실 '경제적 인간이 진짜 인간의 모습을 제대로 반영한 것인가'라는 질문은 이미 20세기 전반에 분명한 답이 나왔다고 할 수 있다. 그런 인간은 현실의 인간이 지닌 몇 가지 측면을 가지고 경제학자들이 경제 이론을 구성하기 위해 가상적으로 얽어놓은 추상적 허구에 불과하며, 실제로 존재하는 인간은 아니다. 그런데 제2차 세계대전이 끝나고 난 뒤, 특히 1970년대 이후에는 이러한 인간이 오히려 현실에 존재하는 인간이라고 많은 경제학자들이 강변하는 사태가 벌어진다. 급기야 사회 전체, 나아가 지구적 문명 전체가 이러한 주장을 정치적으로 올바른 '과학'인 것처럼 채택하여 정책과 제도를 설계하고 사회 개혁의 기초로 삼는 일이 벌어진다. 화이트헤드가 말했던 오류, 이론 구성을 위한 추상적 개념으로 현실의 구체적 존재를 대체해버리는 '잘못 놓여진 구체성의 오류'가 지구적 문명 차원에서 체계적이고 조직적으로 이루어지게 된 셈이다.

'삶은 예술의 모방'이라는 말은 오스카 와일드<sup>Oscar Wilde</sup>의 어구로서, 『도넛 경제학<sup>Doughnut Economics : Seven Ways to Think Like a 21st-Century Economist, 2017</sup>』을 쓴 케이트 레이워스가 이러한 20세기 후반의 황당한 사태를 묘사하기 위해 끌어다 쓴 말이다. 전통적인 미학에서는 예술이란 인간의 삶을 묘사하고 그리는 일종의 모방, 즉 '미메시스<sup>mimesis</sup>'라고 설명해왔다. 하지만 탐미주의자인 와일드는 '예술이 삶을 모방하는 것보다는 삶이 예술을 모방하는 일이 훨씬 많다'라는 전복적인 발상을 보여주었다. 멋지고 인상적인 소설 주인공을 보면서 인생의 영감을 얻는 경우가 얼마나 많은가? 오드리 헵번의 감동적인 사진을 보면서 그걸 따라 하고 싶어하는 이들은 또 얼마나 많은가? SNS든 방송이든 누군가가 입은 멋진 옷과 장신구를 따라 사고 싶어하는 이들의 공동구매 행렬은 또 얼마나 길게 뻗어 있는가? 예술은 인생의 모방일 수도 있지만, 그렇게 해서 만들어진 예술은 다시 거꾸로 사람들의 삶을 만들어내기도 한다는 것은 분명한 사실이다.

그런데 20세기 말엽과 21세기의 우리들이 '모방'하게 된 인간상이라는 것이 앞에서 말한 사연으로 나오게 된 슈퍼컴퓨터 터미네이터이면서 터무니없는 만화 캐릭터인 '경제적 인간'이라는 점이다.

처음에는 그저 경제 이론을 구성하기 위해 현실의 인간을 아주 기형적으로 왜곡시킨 불가피한 개념 장치일 뿐이라는 수줍고 겸손한 존재였던 경제적 인간이 어떻게 해서 21세기에 오면 모든 이들에게 자기를 경배하고 모방하지 않으면 모두 참담한 최후를 맞을 것이라고 윽박지르는 무서운 세속 종교의 '우상'이 된 것일까?

## '사이보그'가 된 인간

미국은 제2차 세계대전을 거치면서 절대적인 세계 최대의 강국이 되며, 경제학의 중심도 미국으로 옮겨가게 된다. 이 과정에서 경제학은 중대한 성격 변화를 겪게 된다. 그 이전까지의 경제학이 대학에서 연구하는 연구자 개인들의 논쟁이었다면, 이제부터의 경제학은 미국 정부와 군부의 어마어마한 예산의 힘을 바탕으로 어떻게 사회를 조직하고 통제하고 운영할지를 '과학적'으로 계산하고 예측하고 통제하는 사회 공학으로 바뀌게 된다. 그리고 이를 가능하게 할 여러 수리 모델과 예측 프로그램을 작동하기 위한 전제로, 앞에서 나온 슈퍼컴퓨터 터미네이터 경제적 인간은 확고한 자리를 잡게 될 뿐만 아니라 사람들에게 그렇게 행동하도록 몰아가는 하나의 준거 기준 혹은 규범으로 확립된다.

이미 제2차 세계대전을 치르는 기간부터 군부의 경제학에 대한 관심은 지대했다. 복잡한 경제사상이나 철학적·인류학적 문제들은 관심의 초점이 아니었으며, 중점은 어디까지나 오퍼레이션스 리서치operations research, OR, 그중에서도 최대치와 최소치를 찾아내어 최적화된 선택의 지점을 찾아내는 선형 계획법linear programming, LP에 있었다. 전차와 전투기를 몇 대씩 어디에 배치해야 할지를 찾아내는 틀은 곧 군수물자의 생산과 자원 배분에 대한 계획에도 적용되어 군대의 합리적 운영에 없어서는 안 될 연구 조사 패러다임으로 자리 잡는다. 제2차 세계대전이 끝난 뒤, 소련과의 항시적인 경쟁 상태인 냉전Cold War이 시작되자 미국의 중심 권력을 쥐고 있었던 군부는 그러한 연구 방법을 군대의 운영뿐만 아니라 사회 전체, 특히 경제의 조직 방식 전체로까지 확장하기를 원한다. 군부는 그 막강한 자금력을 동원하여 여러 대학의 학과에 자금을 지원하고 거액의 연구 프로젝트를 발주하면서 제2차 세계대전 이후 여러 사회과학, 특히 경제학의 연구 패러다임을 결정적으로 바꾸어놓는다.

경제학은 이제 수리 모델을 구성하여 '최적값'을 수학적으로 산출해내는 학문으로 탈바꿈한다. 특히 코울즈 재단Cowles Foundation과 랜드 코퍼레이션RAND Corporation 등의 활약으로 경제학은 수리 모델과 계량경제학econometrics의 학문으로 완전히 바뀐다. 추상적 이론에 불과했던 옛날의 일반균형이론은 애로우–드브뢰Arrow-Debreu 모형으로 정교화되고, 복합적이고 역동적이었던 케인스의 이론은 IS-LM 모형으로 단순화되고, 케인스가 멀리하려 했던 계량경제학이 중심의 자리에 들어오고, 나아가 게임 이론도 핵심적인 자리를 차지하며, 솔로우의 성장 모델도 나타나게 된다. 현대 경제학의 원형이 비로소 나타나게 되는 것이다. 그 과정에서 거의 사멸하다시피 했던 경제적 인간은 화려하게 부활하여 경제학의 중심에 자리를 잡을 뿐만 아니라 모든 개인의 행태를 담아내는 '과학적 규범'의 위치로 올라서게 된다.

필립 미로우스키Philip Mirowski는 이러한 경제학의 성격 변화를 '사이보그' 학문으로의 탈바꿈이라고 규정한다. 사이보그cyborg는 본래 '사이버네틱 유기체cybernetic organism'라는 뜻으로, 인간과 기계가 합쳐져서 만들어진 몸뚱어리를 말한다. 완전히 이질적인 물체인 인간의 신체와 기계가 합쳐지는 일이 어떻게 가능할까? 양쪽 모두 완전히 '정보의 흐름'으로 환원될 수 있다는 사이버네틱스cybernetics의 전제에서라면 가능하다. 미국 군부는 그리하여 냉전 시대의 사회가 부국강병을 통한 전쟁 승리라는 목표에서 일사불란하게 움직이는 기계가 되기를 원했으며, 따라서 사회 전체를 '명령, 통제, 소통, 정보'라는 원칙으로 움직이는 유기체로 재조직하고자 했다는 것이다. 그래서 미로우스키에 따르면, 이러한 목적을 위해 경제적 행위자, 즉 인간은 이제 '정보 처리자processor of information'로 여겨지며 또 실제로 그렇게 움직여야만 했다. 이를 위해서는? 미로우스키가 존 내시John Nash의 게임 이론을 논하면서 열거한 대로, 일단 '전혀 서로 소통하지 않고 전혀 서로 협동하지 않는 완벽히 고립된 개인이면서도 또

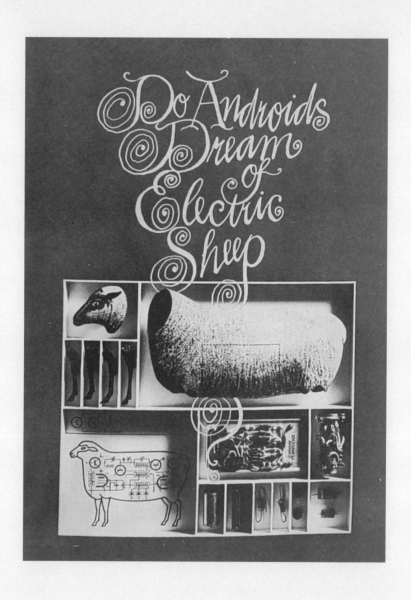

영화 〈블레이드 러너〉의 원작 소설인 필립 K. 딕(Philip Kindred Dick),
『안드로이드는 전기 양을 꿈꾸는가?(*Do Androids Dream of Electric Sheep?*, 1968)』 초판 표지 그림

사이보그$^{cyborg}$란 말은 본래 사이버네틱스$^{cybernetics}$와 생물체$^{organism}$라는 두 단어가 붙어서 만들어졌다. 하지만 SF 영화나 애니메이션에서는 인간의 신체와 기계가 연결되어 있는 존재를 말한다. 생체인 인간의 몸이 어떻게 쇳덩이인 기계와 하나가 될 수 있을까. 답을 제시한 것은 제2차 세계대전 후에 발전한 사이버네틱스 세계관이었다. 인간을 포함한 이 세상의 만사만물을 모두 정보의 흐름으로 환원한다면 모든 것은 서로 소통할 수 있고 유기적으로 함께 결합될 수 있다.

그렇게만 된다면 인간 존재의 능력은 신체를 훌쩍 넘을 가능성도 열리게 된다. 이렇게 '증강된' 인간이 되기 위해서는 인간은 먼저 '정보의 흐름'으로 환골탈태해야 한다. 경제적 인간은 인간을 오로지 스스로의 편익 극대화라는 목표에 맞추어 만사만물, 나아가 자신의 몸과 정신까지 일정한 정보로 환원하고 계산하는 존재로 바꾸고자 한다. 현대 경제학이 '사이보그 사이언스$^{cyborg\ science}$'가 된 것도 필연적인 일이다. 우리 모두 이미 사이보그가 되어버린 것도 필연적인 일이다.

한 완벽한 지식을 가지고 있는' 존재로 가정된다. 그야말로 '정보 발생자 및 처리자'인 슈퍼컴퓨터가 되는 것이며, 이를 통해 기계와 하나가 될 수가 있게 되는 셈이다.

애덤 스미스는 도덕 철학으로 경제학을 보았고, 앨프레드 마셜 Alfred Marshall 은 경제학을 물리학과 같은 과학으로 보았다. 그러나 이제 경제학은 윤리학도 아니고 과학도 아닌, 사회 공학이 된 것이다. 그리고 경제적 인간은 그 기초 단위로 굳건하게 자리 잡아 경제학 교과서로 아무 일도 없었다는 듯이 천연덕스럽게 다시 올라온다.


## '경제적 인간'의 전성시대


이러한 사이보그, 즉 슈퍼컴퓨터 터미네이터 경제적 인간은 조금 다른 모습으로, 또 차이는 있어도 어쨌든 현대 경제학의 주인공이 되어 있다. 로버트 루카스Robert Lucas의 '합리적 기대' 이론이나 유진 파마Eugene Fama의 '효율적 (금융) 시장' 이론에서도 이 경제적 인간은 주인공으로 등장한다. 하지만 이러한 경제학계의 논의를 떠나 우리의 삶에 더 직접적인 영향을 끼치게 된 것은 각종 정책과 통속 경제학을 통해서다.

1990년대 이후 이른바 '신자유주의'의 시대로 접어들면서 이러한 경제적 인간은 하나의 규범적인 존재로 여겨지게 되었고, 사회의 제도와 정책 수립에 있어서도 이러한 인간은 근본의 전제로 등장하게 된다. 국제정치의 외교정책에서부터 의료 시스템의 개혁과 교육 체제의 개편, 심지어 개인이 결혼을 어떻게 하고 아이를 몇 명이나 언제 낳을지 등을 예측하고 설계하고 '개혁'하는 지침의 기반으로 이 경제적 인간이 계속 모습을 드러내게 되었다. 오바마 대통령 시절의 미국에서는 저소득층 흑인 아동에게 독서를 장려하기 위해 책을 읽어 오면 1달러씩 주는 방침을 취하는 지역들이 생겨났다. 아이들은 그 정책이 시한이 지나 없어지자 그 전보다 더욱 책을 읽지 않게 되었다고 한다. 돈도 안 주는데 미쳤다고 책을 읽는단 말인가? 한국도 출산율을 높이기 위해 이런저런 '인센티브'를 설계한다는 소리가 들려온다. 사람들이 한 달에 몇 만 원씩 돈이 더 생기느냐마느냐에 따라 아이를 더 낳을 거라는 전제가 느껴진다. 어느새 우리가 사는 세상은 경제적 인간으로 살아가는 것이 당연하며, 그렇게 살지 않는 이는 불안한 사회 이탈분자, 요즘 속어로 '핵아싸'로 치부당하게 되었다.

이러한 풍조를 더욱 부채질하는 것은 서점의 판매대에 그득그득 쌓여 있는 통속 경제학 책들이다. 경제학을 '쉽게 설명한다'는 것을 표방하고 있지만, 사실은 '철저하게 경제적 인간이 되어라'라는 메시지를 극단적인 방식으로 주입하고 있는 것에 불과하다. 과학적 근거도 없이, 윤리학적 논증도 없이 그저 '이렇게 사는 게 합리적이고 남는 장사다'라는 애매한 근거로 경제적 인간을 우리에게 들이민다. 그리하여 1부에서 이야기했듯이 어느새 이 경제적 인간은 하나의 세속 종교가 되어 개인과 집단의 삶을 지배하게 되었다.

여기에서 짚고 넘어가야 할 일이 있다. 경제학자들의 책임이다. 학계의 경제학자들은 이러한 우리의 세태에 대해 스스로 한탄하면서 경제학은 본래 그렇게 극단적이고 무지막지한 이야기를 하는 학문이 아니라고 말하기도 한다. 옳다고 치자. 그래도 경제학자들의 책임이 면제되는 것은 아니다. 찰스 다윈의 진화 이론은 '자연 선택 natural selection'을 말하고 있을 뿐, 적자생존이라든가(이는 허버트 스펜서 [Herbert Spencer]의 개념이다) 약육강식 같은 이야기를 한 것이 아니며, 심지어 생물 개체 간 또 종 간의 협력에 대한 여지도 열어두고 있다고 한다. 하지만 그렇다고 해서 다윈의 진화론이 제국주의와 계급 지배의 도구로 악용되어 약소민족을 짓밟고 하층 계급을 짓밟는 도구로 사용되는 이른바 '사회진화론'에 대해 진화생물학자들의 책임이 면제되는 것은 아니다. 카를 마르크스는 아무리 보아도 스탈린이나 마오쩌둥과 같은 끔찍한 공산당 독재와 전체주의를 꿈꾼 이는 아니었다. 하지만 마르크스주의자들이 공산주의의 악몽에 대해 '그것은 마르크스주의가 아니다'라는 한마디로 도마뱀 꼬리 자르듯 책임을 회피하는 것은 어불성설이다. 진화생물학자들과 마르크스주의자들은 다윈의 이론이, 또 마르크스의 이론이 그렇게 통속화되고 왜곡되는 것을 막고 바로잡아야 할 책임이 있고, 이를 제대로 실행하지 못했다면 응분의 책임을 저야 하는 것이 맞다. 폭력처럼 횡행하는 이 경제적 인간이라는 세속 종교의 횡포에 대해서는 누가 책임을 져야 하는가?

## '카메라가 아니다'

이렇게 반론할 이들이 있을 것이다. 연유가 어찌되었든, 경제학과 경제정책의 복잡한 역사 이야기가 어찌되었든, 지금 우리 세상은 그러한 경제적 인간으로 가득하지 않은가? 비록 그렇게 현대 경제학이 가정하는 것과 같은 사이보그 슈퍼컴퓨터 터미네이터는 아닐지라도, 자기이익에 충실하고 끊임없이 합리적인 계산을 행하고, 또 온갖 정보와 지식을 다 모으고 심지어 '수리 모델'까지 만들어가면서 철저하게 경제적 인간에 접근하려고 노력하는 사람들이 도처에 있지 않은가? 까마득한 옛날의 사람들이 어떻게 살았는지, 저 멀리 남태평양 트로브리안드 제도의 원주민이 어떻게 살고 있는지는 차치하고라도 21세기의 현대 자본주의에서는 바로 그 경제적 인간이 보편적인 인간이 아닌가? 그렇다면 이런 인간을 기준으로 삼아 세상을 설명하고 설계하는 것이 당연히 옳지 않은가?

부인하기 힘든 말들이다. 경제적 인간은 순수한 그 모습대로는 아닐지라도 우리의 주변에, 또 우리의 의식 안에 깊숙이 들어와 있는 보편적인 모습이 되었고, 이것이 지금 우리의 현실이다. 하지만 이것이 우리에게 만족을 가져오는 최선의 인간상인가? 그리고 이는 앞으로 다가올 미래에도 바뀌지 말아야 할, 영원히 계속되어야 할 완성된 인간상인가? 앞에서 나는 생태 위기, 사회적 불평등, 개인의 허무와 고독과 불안이라는 세 가지의 문제가 우리의 현재 경제생활을 포위하고 있다고 하면서, 이러한 상태를 극복하는 '위기 이후의 경제철학'이 필요하다고 말했다. 만약 이런 새로운 경제학과 새로운 경제생활의 틀을 만들기 원한다면, 즉 현재의 모습에서 조금씩이라도 벗어나 새로운 미래 생활의 틀을 만들기 원한다면 응당 극복해야 할 일이 아닌가?

그렇다면 문제는 다시, 이 경제적 인간이라는 것이 바꿀 수 없는 인간의 초월적이고 운명적인 본질인지, 아니면 제아무리 지금의 우리에게는 보편적인 모습으로 보인다고 해도 특수한 시대의 역사적·사회적 조건 때문에 생겨난 일시적인 것인지의 질문으로 돌아오게 된다. 여기에서 이 절의 제목인 '삶은 예술의 모방'이라는 문구를 다시 떠올려보자. 지금 도처에서 발견되는 이 경제적 인간이 오히려 그러한 경제학과 경제생활의 틀 때문에 만들어진 것이라면 어떨까? 즉 우리가 이런 모습이 되어 있는 것은 그 경제적 인간이라는 만화 캐릭터의 그림을 따라 하다가 그렇게 된 것이라면 어떨까? 여기에 중요하고도 흥미로운 연구가 있다. 케이트 레이워스의 『도넛 경제학』에 나오는 다음 인용문을 읽어보자.

시카고 옵션 거래소CBOE, Chicago Board Options Exchange에서 매우 놀라운 일이 벌어졌다. 1973년 문을 연 시카고 옵션 거래소는 전 세계에서 가장 중요한 금융 파생 상품 거래소 가운데 하나다. 그런데 이 거래소가 거래를 시작한 바로 그해에 영향력 있는 경제학자 피셔 블랙Fischer Black과 마이런 숄스Myron Scholes가 머지않아 블랙-숄스 모델로 유명해질 논문을 발표한다. 이 모델은 공개된 시장 데이터를 가지고 시장에서 거래되는 여러 옵션의 예상 가격을 계산해낸다. 처음에는 이 모델의 예측과 시카고 옵션 거래소의 실제 시장 가격이 30~40퍼센트나 차이가 났다. 하지만 불과 몇 년 지나지 않아 모델을 수정하지 않았는데도 모델의 예측 가격은 실제 시장 가격과 평균 2퍼센트밖에 차이가 나지 않았다. 블랙-숄스 모델은 곧 '금융뿐만 아니라 경제학 전체에서 가장 성공한 이론'으로 극찬을 받았고 두 창시자는 노벨 경제학상을 수상했다.

그런데 경제사회학자 도널드 맥켄지Donald MacKenzie와 유발 밀로Yuval Millo가 이 문제를 좀 더 깊이 파헤쳐보기로 결심하고, 시카고 옵션 거래소의 파생 상품 거래자를 만나 인터뷰했다. 이들은 뭘 알게 되었을까? 블랙-숄스 모델이 시간이 지나면서 정확해진 이유는 거래자들 스스로 마치 이 이론이 진리인 양 이 모델에서 산출된 예상 가격을 기준 삼아 호가를 정했기 때문이었다. 결론은 이렇다. '금융경제학은 이론적으로 정립해온 시장을 현실에서 만들어내는 데 도움을 준다.' 그리고 그런 이론들이 결함이 있다고 판명 나는 날에는 실로 지독한 대가를 치러야 한다는 것을 훗날 금융시장은 깨닫게 된다. (『도넛 경제학』, 120~121쪽)

그 지독한 대가를 곧 치르게 된다. 마이런 숄스가 이사진으로 참여하여 파생 상품 가격 계산 모델을 가지고 운영되던 헤지펀드 롱텀캐피털매니지먼트LTCM, Long Term Capital Managment는 1998년 46억 달러의 채무를 지고 결국 파산하며, 미국 나아가 전 세계 금융시장을 일대 혼란으로 몰아넣는 금융경제학 역사의 볼 만한 '흑역사'를 만들어낸 바 있다. 맥켄지 등의 연구는 시장이 경제학을 만드는 것이 아니라, 경제학이 시장을 만들어내는 것이 아니라 그 반대인 경우가 오늘날 (금융) 시장의 현실에 더 가깝다는 것을 보여준다. 맥켄지의 표현대로, '경제학은 (현실을 있는 그대로 포착하는) 카메라가 아니라 (오히려 현실을 만들고 움직여 나가는) 엔진'이라는 것이다. 다음 인용문도 보도록 하자.

> 1770년대에서 1970년대에 이르는 이 두 세기 동안 경제적 인간은 그저 특색이 강조된 정도의 초상화로 묘사되기 시작해 갈수록 변모하더니 결국 조잡한 만화가 되었다. 시작은 인간을 그려낸 모델이었으나 이제는 인간이 따라야 할 모델이 된 것이다. 경제학자 로버트 프랭크Robert Frank에 따르면 이 문제는 '우리가 어떤 생각과 믿음을 갖느냐에 따라 본성이 만들어지기' 때문에 매우 중요하다고 한다. 프랭크와 다른 학자들이 연구한 바로는 무엇보다 경제학과에 이기적인 인간들이 몰려드는 추세라고 한다. 예를 들어 독일에서 실험한 결과 다른 학생들보다 경제학과 학생들은 보수가 주어진다면 기꺼이 편향된 대답을 내놓을

의향이 큰 것으로 나타났다. 부패할 가능성이 더 높다는 것이 증명된 것이다. 미국에서 있었던 연구에서도 경제학 전공 학생들이 본인이나 남의 이기적 행태를 더 긍정적으로 바라보는 경향을 보였으며, 경제학과 교수들은 연봉이 훨씬 적은 다른 학과 교수들보다 기부금도 훨씬 적게 내는 것으로 나타났다.

이는 원래부터 이기적인 인간이 경제학과로 몰려오기 때문만은 아니다. 평범하던 사람도 호모 이코노미쿠스 개념을 공부하다 보면 그렇게 바뀌고, 자신이 어떤 사람이고 어떻게 행동해야 하는가에 대한 생각이 완전히 달라진다. 이스라엘에서의 연구에 따르면 봉사 정신, 정직, 충직 등 이타적인 가치가 인생에서 갖는 중요성에 대해 경제학과 3학년 학생들은 1학년 학생들보다 훨씬 낮은 점수를 매겼다. 미국 대학생들은 경제학의 게임 이론(이기적인 개인을 가정해 모델을 짜고 거기서 어떤 전략을 취할지 연구하는 학문) 과목을 듣고 나면 더 이기적으로 행동하게 되며 남들도 그럴 거라고 예상하게 된다고 한다. 프랭크는 이렇게 결론 내린다. '이기적 개인 이론이 얼마나 해로운 결과를 가져오는가는 실로 충격적이다. 이는 타인을 최악으로 짐작하게끔 유도하며 그 결과 실제로 우리 내면으로부터 최악의 모습을 끌어낸다. 우리는 내면의 고상한 본능들을 끄집어낼지 말지 주저할 때가 많다. 행여나 호구가 될까 두려워서다. (『도넛 경제학』, 119~120쪽)

영화 〈카사블랑카〉(1942)의 한 장면

영화 〈카사블랑카Casablanca, 1942〉에서 〈세월이 흘러도As Time Goes By〉라는 노래가 연주되는 장면을 기억하는지. 단순하고 아름다운 멜로디, 너무나 단순하고 아름다운 가사. 노래와 달리 왜 두 사람의 삶은 복잡하게 꼬여만 갈까. 그렇게 사랑하던 두 사람은 왜 삶과 삶이 슬프게 엉키며 아프게 헤어졌을까. 다시 만난 두 사람은 어째서 다시 사랑할 수 없을까. 옛 추억이 서린 이 노래가 흐르자 연주를 멈추라고 불같이 화를 내는 남자.

인생은 단순하지 않다. 한 가지의 색깔과 한 가닥의 끈으로만 꾸밀 수 없다. 그래서 사랑하더라도 사랑할 수 없으며, 참을 수 없는 고통을 안아야 하며, 때로는 엉뚱한 곳에서 어처구니없는 위험으로 제 발로 걸어가야 한다. 하지만 이 부조리를 모두 끌어안아야 하는 이유가 있다. 자기가 선택한 자기의 삶이니까. 그리고 그 길의 끝에서 새로운 사람과 아름다운 우정을 얻어내기도 한다. 다시 삶이 시작된다.

〈카사블랑카〉처럼 극적이지 않더라도, 이는 우리 모두의 삶을 관통하는 이야기다. 이것이 현실에 살아 존재하는 사람의 모습에 훨씬 더 가까운 이야기다. 경제적 인간을 진리라고 여기는 이들이 이 남녀를 보면 무슨 생각을 할까. 현실에 살아 있는 우리들을 보면서 무어라고 생각할까.

경제적 인간도 마찬가지다. 이러한 경제학의 교리를 방송과 책에서, 정치가와 경제 관료들의 발언에서, 또 대학에서 반복해서 듣다 보면 이것이 '인간의 나아갈 바'라는 하나의 규범으로 자리 잡고, 우리도 실제로 그렇게 사는 모습으로 변해간다. '삶이 예술을 모방'하게 되는 것이다.

4 ——————         **실제의 인간을 그려낸 이들**


　　　　　　　경제학과 경제사상의 역사가 이러한
'경제적 인간'을 주인공으로 삼아서 전개되는 이야기로만 이루어져
있지는 않다. 이러한 왜곡된 캐리커처 혹은 만화 캐릭터의 그림을
단호히 거부하고 현실에서 살아 숨 쉬며 사랑하고, 꿈을 꾸고, 관계
를 맺고, 희망과 절망을 극복하면서 경제활동을 해왔던 인간의 모
습을 그대로 담아 경제 이론을 구축하려고 노력했던 이들도 많다.
그들이 남긴 경제사상과 인간관은 앞으로 우리가 '위기 이후의 경
제철학'을 구축하는 데 중요한 혜안을 전해준다. 그중 아주 중요하
고 대표적인 몇 사람을 그야말로 이름만 언급하는 수준으로 짧게
소개하도록 하자.

# 존 러스킨

존 러스킨[John Ruskin]은 19세기 영국의 문예사상가로 널리 알려진 인물로서 경제학에는 아무런 관심도 없던 이였지만, 존 스튜어트 밀의 경제학을 접하게 된 이후로 그의 격렬한 비판자가 된다. 비록 체계적인 경제학 저작을 남기지는 않았지만, 그가 경제적 인간 그리고 거기에서 구성되는 밀식의 경제학에 대해 가했던 날 선 비판은 오늘날까지도 대안적 경제학과 새로운 경제생활의 틀을 만들기 위해 노력하는 많은 이들에게 영감의 원천이 되고 있다.

그는 무엇보다도 경제적 인간이란 아무런 삶도, 심지어 육체조차 갖지 못한 '해골'일 뿐이라고 말한다. 실제로 살아가는 인간은 해골과 육체뿐만 아니라 '영혼'을 가진 존재라는 것이다. 따라서 그러한 인간이 영위하는 경제생활은 자기이익의 합리적 계산 따위가 아니라, 스스로의 활동을 통해 발견하고 실현할 수 있는 본인의 창의성 그리고 일하는 사람으로서의 존엄과 같은 것을 최고의 보상으로 삼아 이루어진다고 한다. 화폐적 이익이나 임금과 같은 것도 중요하지만, 어디까지나 이렇게 영혼을 가진 인간으로서의 활동 일부분으로 의미가 있는 것이지 그것만으로 사람이 움직이는 것은 결코 아니라는 것이다. 또한 인간은 고립되어 홀로 살아가며 홀로 경제생활을 하는 것도 아니라고 한다. 사람은 항상 다른 사람과 관계를 맺어 협동하고 함께 울고 웃으며 살아가는 존재이기 때문이라는 것이다. 따라서 로빈슨 크루소처럼 고립된 채로, 자기의 이익만을 계산하여 행동하는 존재는 결코 존재한 적이 없다고 말한다.

따라서 이러한 전제에서 출발하여 수량으로 계산되는 물질적 부를 연구하는 경제 이론은 '지금까지 인류의 두뇌를 스쳐 지나갔던 질병 중에서도 가장 백치 같고, 가장 말문이 막히며, 가장 사람을 마비 상태로 몰아넣는 돌림병'이라고 무시무시한 비난을 퍼붓는다. 경제생활에는 '인간의 생활'이 있을 뿐이지, 그것을 무시한 '부' 그 자체란 존재하지도 않는다는 말이다. 앞으로 보겠지만, 우리를 허무와 고독과 불안에서 벗어날 수 있게 해줄 '위기 이후의 경제철학'을 구성하는 데 있어서 러스킨의 이러한 관점은 핵심적인 중요성을 가질 것이라고 믿는다.


## 소스타인 베블런


19세기 말과 20세기 초에 활동했던 미국의 경제사상가 소스타인 베블런Thorstein Veblen은 경제적 인간은 역사적으로 한 번도 존재한 적이 없고 순전히 경제학자들이 머릿속에서 만들어낸 가상적 허구임을 지적하면서, 그 대안의 틀로서 '공동체'를 경제생활을 이해하고 구성하는 기본 단위로 보자고 제안한다. 뿐만 아니라 그 공동체는 멈추어 있는 것이 아니라 기술 발전과 환경 변화, 또 여러 문화와 의식의 발전에 따라 생물체와 마찬가지로 끊임없이 진화하면서 변화하는 것으로 보고자 했다.

인간은 그 욕망에 있어서나 생산 활동에 있어서나 철저하게 공동체 전체가 공유하는 문화와 생산 기술의 지식에 따라 규정되는 존재다. 뿐만 아니라 그 둘을 연결시켜서 실제의 삶을 만들어나가고 생각하는 '사유 습관habit of thought'에 있어서도 철저하게 공동체 전체의 점진적인 변화와 함께 나아가게 되어 있는 존재다. 따라서 공동체에서 고립된 상태라면 자기이익을 칼같이 알아내는 사람도 있을 수 없으며, 그것을 숫자로 바꾸어 계산하는 추상적인 '합리성'이라는 것도 있을 수 없다. 또 그것을 실현할 수 있는 정보와 지식을 완전히 손에 넣어 스스로 답을 내는 슈퍼컴퓨터 같은 것도 있을 수 없다. 인간의 경제생활은 시작부터 끝까지 다른 사람과 함께하는 공동체에 의해 만들어지게 되어 있다는 것이다.

존 러스킨이 이러한 관점을 도덕적·윤리적 비판의 칼을 겨누었던 데 비해, 베블런은 있는 그대로의 인간 경제생활을 과학적으로 조사하고 분석하는 방법으로 사용했다. 그리하여 그는 고대부터 현대까지 기술의 발전과 사회·정치적인 환경의 변화에 따라 인류의 경제생활이 어떻게 '진화'해왔는지를 기술하면서, 특히 20세기에 본 모습을 드러낸 산업 자본주의의 경제생활과 여러 제도, 나아가 인간의 욕망과 소비 행태까지 찬찬히 분석해낸다. 그러한 분석 속에서 우리는 자본주의적인 경제생활의 틀이 어떠한 병리적인 지배

본성을 드러내는지, 또 그로 인한 '비효율성'을 노정하게 되는지를 발견하게 된다. 베블런은 비록 대안적인 경제생활의 틀에 대해 별다른 글을 남기지 않았지만, 산업문명이 더 효율적이면서도 자유와 도덕 같은 소중한 가치를 추구하게 하려면 경제의 조직이 어떻게 되어야 하는지에 대한 깊은 혜안을 얻을 수 있다.

## 칼 폴라니와 칼 윌리엄 캅

1964년에 세상을 떠난 헝가리 출신의 경제사상가 칼 폴라니Karl Polanyi 또한 '경제적 인간'이라는 것을 근본적으로 비판하고 무너뜨리는 데 큰 중점을 둔 이였으며, 이를 넘어선 관점으로 인간의 경제활동을 이해하고 설계하는 작업이 그의 사상 전체를 관통하는 핵심이라고 해도 과언이 아닐 정도다. 그는 '이익에 대한 탐욕과 굶주림에 대한 공포'로만 움직이는 경제적 인간이라는 이미지가 사실 19세기 초 토머스 맬서스와 데이비드 리카도의 '자연주의적' 경제학에서 고안된 것에 불과하며, 이 또한 18세기 말 산업혁명이라는 특수한 상황에서 영국 농촌 지역에 창궐했던 빈민의 폭증 사태를 잘못 이해하면서 나타난 지적·도덕적 착각이라고 공격한다. 그런데 이러한 잘못된 인간관이 오히려 산업문명에서의 경제생활을 조직하는 근본 원리가 되어 자기조정 시장self-regulating market이라는 것을 만들어 전 세계를 지배하게 되면서 마치 하나의 진리처럼 변모하여 인간의 자기 이해를 왜곡하고 말았다는 것이다.

그가 역사적·인류학적 연구를 통해 발견한 인간은 경제적 인간이 아니다. 인류 역사 언제를 보아도 종교적 동기, 미학적 동기, 정치적 동기 등과 같은 가지가지의 동기로 움직이면서 그 부수적 결과로 경제생활이 조직되는 것이 일반적인 모습이며, 좁은 의미의 순수한 경제적 동기 그 자체가 경제생활의 조직 원리가 된 것은 오로지 19세기 이후의 시장 자본주의에서뿐이었다는 것이다. 인간은 시장 교환 이외에도 얼마든지 경제생활을 조직할 수 있는 다양한 제도와 틀을 가지고 살아왔다고 한다. 서로 사회적 관계를 맺은 이들끼리 선물을 주고받을 수도 있고(상호성), 사회 전체를 조직하는 권력 중심과의 관계 속에서 생산과 소비를 조직할 수도 있으며(재분배), 또 더 많은 이익과 부가 아니라 성원들 모두와 집단 전체의 '좋은 삶'을 원리로 경제생활을 조직할 수도 있다는(가정 경제) 것이다. 그리고 이러한 인간 존재의 다양성과 총체성을 충분히 담아낼 수 있을 만큼 입체적이고 다면적이며 인간과 사회의 여러 감정과 동기를 활용하는 복합적 경제 질서를 만들어야만 산업문명이 인간의 자유와 공존할 수 있을 것이라고 주장한다.

칼 윌리엄 캅Karl William Kapp은 폴라니와 교류가 있었던 독일 출신 경제사상가로서 1970년대까지 '사회적 비용social costs'의 개념을 통해 특히 환경경제학에서 중요한 성과를 남겼던 인물이다. 그는 폴라니와 같은 맥락에서 경제적 인간의 개념을 비판하고, 대신 총체적 존재로서 인간을 다시 정립해야만 한다고 주장했다. 즉 인간이 물질적·생리적 존재로서 갖는 측면들, 심리적·문화적 차원에서 갖는 측면들, 사회적 관계에서 갖는 권력과 강제, 협동 등의 측면을 모두 고려하고 연구하여 이것으로 '인간 본성'에 대해 종합적이고 총체적인 연구를 해나가야 하며, 경제학 나아가 사회과학 연구의 기초도 여기에서 출발해야 한다고 보았다. 이러한 그의 관점은 '사회적 최소한의 것들social minima'이라는 개념으로 연결된다. 그는 사회가 모든 사람들에게 최소한의 생활이 가능하도록 보장해야 한다고 보았지만 이때의 '최소한'은 결코 생리적, 심지어 사회적 최소한이 아니었다. 방금 말한 대로 다면적이고 복합적인 총체로서 인간의 모습에 기초하여 거기에서 필연적으로 나오는 여러 필요욕구Beduerfniss를 감안하여 능동적인 인간으로 자기 삶을 살아나갈 수 있는 수준을 말하는 것이었다.

심지어 경제학의 역사에 있어서도, 경제적 인간은 불변·부동의 진리나 공리가 아니었다. 그것이 살아 있는 인간의 총체적인 모습을 만족스럽게 담아낸 개념이기는커녕, '과학적 경제법칙의 발견'이라는 미명하에 캐리커처나 만화 캐릭터처럼 터무니없이 왜곡된 추상적 관념에 불과하다는 것은 오래전부터 지적되어왔다. 그리고 비록 오늘날 경제적 인간을 모시는 세속 종교가 되어 현실의 인간을 사이보그로 만들고 있지만, 이는 장구한 인류 역사에서 21세기의 지구적 산업문명이라는 특수한 국면에서 벌어지고 있는 일일 뿐 영원히 지속될 신앙도 아니며, 또 그렇게 되어서도 안 된다. '위기 이후'의 새로운 경제생활을 꿈꾸는 이들이라면, 이러한 경제적 인간이라는 신화를 격렬히 비판하고 살아 있는 인간의 모습을 있는 그대로 받아들여 대안적인 경제생활의 틀을 만들기 위해 노력했던 이들의 풍부한 지적 전통이 있음도 기억해야 한다. 우리의 이야기는 결코 삶에 지친 이들의 '백일몽白日夢'이 아니다. 용기를 내어 대안적인 경제생활의 방식을 상상하고 실행하는 노력으로 나아갈 수 있고 그렇게 해야 한다.

이제 경제적 인간이라는 틀에 갇힌 우리의 경제생활이 어떻게 우리를 허무와 고독과 불안으로 몰고 가는지에 대해 살펴보자. 이를 넘어선다면 오히려 허무와 고독과 불안을 극복하는 좋은 방편으로서 경제생활을 조직할 수 있는 개념과 원리를 발견할 수 있다.

위기 이후의 경제철학

3부

# 욕망

허무와 고독과 불안은 서로 연결되어 있는 감정이며, 이를 만들어내는 '경제적 인간'의 성격과 행동도 서로 연결되어 있다. 하지만 이야기의 갈피를 보다 단정하게 다듬기 위해 그 세 가지의 감정을 일단 나누어서 보겠다. 그리고 그 감정 하나하나에 해당하는 경제활동의 측면을 연결시켜보겠다. 이를 통해 우리가 지금 살아내고 있는 경제적 인간의 삶을 돌아보고, 대안적인 삶을 살 수 있는 원칙에 대해 이야기해보도록 하겠다.

이 장에서는 '허무'의 감정을 욕망의 문제와 더불어 이야기하도록 하겠다. 경제활동의, 아니 우리 삶의 시작은 욕망이다. 욕망은 긍정의 대상도 부정의 대상도 아니다. 그것이 우리의 삶 그 자체이기 때문이다. 살아 있는 모든 것은 욕망을 가지고 있으며, 숨을 쉬고 있는 모든 순간을 욕망을 충족시키기 위한 활동으로 채워나간다. 욕망을 부정하는 것은 마치 배설 행위를 부정하는 것처럼 성립할 수 없는 이야기다. 이렇게 우리의 호흡처럼 자연스러운 욕망에 대해 작위적이고 비현실적인 가정과 논리를 세우다 보면, 욕망은 어느새 우리의 삶을 지치게 만들고 결국 허무로 이어지게 하는 멍에가 되어버린다. 그럴 필요는 없다. 살아 있는 사람의 삶을 중심으로 욕망을 바라보고 행동의 원칙을 세운다면, 스스로의 생각과 행동으로 우리의 욕망에 질서를 부여할 수만 있다면, 욕망은 허무가 아닌 충만한 삶, '좋은 삶'으로 우리를 데려다주는 소중한 수레요, 배가 된다.

# 욕망은 무한하지 않다

## 욕망의 해부

대학 경제학과에 입학해 경제 원론 교과서를 펼쳤을 때의 당혹스러움을 지금도 잊을 수 없다. 그 교과서만이 아니라 사실상 모든 경제학 교과서를 펼쳤을 때 시작되는 문구이기도 하다.

사람의 욕망은 무한하며, 주어진 수단은 항상 부족하다. 이러한 '희소성scarcity'의 조건 아래에서 들어가는 노력 및 희생을 최소화하고 얻을 수 있는 이익과 기쁨을 최대화하는 방식을 우리는 경제라고 한다.

사람의 욕망이 무한하다고? 나는 열아홉 살 당시에도 그렇게 생각하지 않았고, 지금도 그렇게 생각하지 않는다. 첫 부분부터 막히게 되니 경제학 교과서라는 게 곱게 보일 리가 없었다. 지금도 곱게 보이지 않는다. 어떤 이들은 나를 이상한 사람이라고 생각할 것이다. 사람의 욕망이 무한하다는 것은 의문의 여지가 없는, 그래서 따로 논증할 필요도 없는 자명한 사실 아닌가? 이것을 공리로 삼아 논리를 전개하는 게 왜 문제인가? 나도 할 말이 있다. 그래서 내 이야기로 이러한 생각을 바꾸어보고자 한다.

먼저 욕망을 세 가지로 나누고자 한다. 첫째는 구체적인 재화와 서비스에 대한 욕망. 둘째는 추상적인 가치에 대한 욕망. 셋째는 돈에 대한 욕망. 첫 번째 욕망은 분명히 유한하다. 두 번째 욕망은 클 수도 작을 수도, 무한할 수도 유한할 수도 있다. 세 번째 말한 욕망은 거의 모든 사람에게 있어서 무한하다. 이 세 가지 욕망을 다른 말로 표현하자면 몸에서 나오는 욕망, 정신에서 나오는 욕망, 미래의 가능성에 대한 욕망으로 바꾸어 말할 수도 있다. 하나씩 살펴보자.

## 1) 구체적인 것들에 대한 욕망

가정을 해보겠다. 이 책을 사서 읽는 독자들 모두에게 고마움의 표시로 구두 1천 켤레씩을 선물하겠다고 한다면 받으실지? 여기에 전제가 있다. 이 구두는 '선물'이니 돈을 받고 팔아서도 안 되고, 남에게 주어서도 안 되며, 모두 독자분이 신으셔야 한다는 전제. 그래도 받으실지? 받을 사람은 없을 것이다. 구두 1천 켤레를 어디에 쌓아둘 것이며, 그걸 어느 세월에 다 신을 것인가? 다리가 많은 지네라면 한 번에 몇 십 켤레씩 신을 수 있을지 모르지만, 인간이 무슨 지네인가? 아무도 받지 않을 것이다. 즉 '구두에 대한 욕망'이 무한한 사람은 아무도 없다.

이 '구두'라는 물건을 다른 무엇으로 바꾸어도 마찬가지다. 추상적 가치에 해당하는 것들이나 화폐의 경우는 따로 설명하겠지만, 구체적인 그 어떤 것이라면 엄청난 양으로 기꺼이 받을 것인가? 쌀 1천 가마니? 우리가 쌀벌레인가? 팔지도 주지도 못할 쌀 1천 가마니를 언제 다 먹을 것인가? 아파트 열 채? 팔지도 주지도 못하니 세도 못 준다면? 우리가 분신술을 쓰는 손오공인가? 잠을 열 군데에서 자나? '자는 곳'으로서의 아파트를 열 채씩 필요로 하는 이는 아무도 없다. 요컨대 구두만이 아니라 쌀이나 집만이 아니라, 구체적인 물품에 대한 욕망이 무한한 사람은 아무도 없다. 단순한, 하지만 절대적 진리다.

이렇게 단언할 수 있는 이유가 있다. 우리의 몸뚱이가 유한하기 때문이다. 사람의 몸뚱이는 크기도 유한하며, 그 기능과 작용 또한 유한하다. 사람은 지네나 쌀벌레가 아니며, 손오공이 될 일은 더더욱 없다. 발은 두 개뿐이고 위장의 크기는 주먹만 하며 몸뚱이는 하나뿐이다. 사람의 필요를 채우는 데 필요한 물품도 당연히 그 크기가 제한되어 있다. 동서고금의 고전을 보라. 안빈낙도를 노래하는 그 많은 구절들이 천편일률로 이 이야기를 하고 있다.

## 2) 관념적인 것들에 대한 욕망

관념적인 것들로 가면 이야기는 달라진다. 욕망의 크기를 한마디로 종잡을 수가 없다. 클 수도 작을 수도, 무한할 수도 전혀 없을 수도 있다.

나는 두 사람의 친구를 안다. 한 사람은 헌책을 사서 모으는 취미, 아니 욕망이 있다. 다른 한 사람은 트로피와 표창장 등 각종 번쩍거리는 것들을 모아 집 안에 진열하는 취미, 아니 욕망이 있다. 첫째 사람은 집이 헌책방을 넘어 도서관으로 변해가면서 집에 책이 있는 것인지 도서관에 가족이 얹혀 사는 것인지 모를 지경으로 이혼의 위기도 두어 번 넘겼다. 지금 있는 책도 죽을 때까지 다 못 볼 것이 분명한데 지금도 헌책방을 돌면서 책을 사 모으고 있다. 둘째 사람은 동네 조기 축구회 상장부터 이런저런 트로피 등등으로 집 응접실 벽 세 개를 꽉꽉 채워놓았다. 이 두 사람이 어쩌다 얼굴을 보면 서로 소와 닭 보듯 한다. '너 왜 그러고 사니?'

헌책에 대한 욕망과 트로피 상장에 대한 욕망은 머리와 마음에서 나오는 것이지 몸에서 나오는 것이 아니다. 한 사람에게는 거의 없는 욕망이 다른 사람에게는 비대하여 차고 넘친다. 이 두 사람이 집을 바꾸어 살면 어떤 일이 벌어질까?

급기야 이런 욕망은 무한할 수도 있고 전혀 없을 수도 있다. 우선 나는 골프를 치지 않으며, 고급 가방을 들고 다니지 않는다. 따라서 골프채와 고급 가방에 대한 욕망이 0이다. 누가 선물로 준대도 돈으로 바꿀 수 있으면 모를까, 아니면 받을 생각이 전혀 없다. 한마디로 그런 욕망의 양은 0이다. 반면 무한한 욕망도 있다. 몇 년 전 이라크 지역에서 '이슬람 국가 IS'라는 폭력 집단이 창궐할 때의 이야기다. 이 집단은 가는 곳마다 자기들이 믿는 식의 이슬람 종교와 어긋난다 싶은 것들을 모두 파괴하는 것으로 악명이 높다. 어느 작은 마을이 있었다. 고대 메소포타미아의 유물이 실하게 소장되어 있는 작은 박물관이 있었다고 한다. 이 마을로 IS가 들어온다는 소문이 돌았다. 박물관 관장은 모든 유물을 아무도 모르는 곳으로 치웠다. 아니나 다를까, 마을로 들어온 IS는 박물관 관장에게 목숨을 위협하며 유물 숨긴 곳을 대라고 했다. 관장은 끝까지 함구하여 끝내 IS에게 참수를 당했다.

이 박물관 관장의 뜻도 욕망이라고 감히 말할 수 있다. 나는 그러한 고귀한 욕망이 전혀 없다. IS가 들어오면 어쩌면 목숨을 구걸하며 수장고 열쇠부터 갖다 바쳤을 것이다. 하지만 그 관장은 끔찍한 죽임을 당하면서까지 유물을 지켰다. 나에게는 0인 욕망을 그분은 무한히 가지고 있었던 셈이다.

한마디로, 정신에서 나오는 욕망은 그 크기를 종잡을 수 없다. 석가모니 부처님은 '사람이 가진 정신의 크기는 우주의 크기와 동일하다'고 말했다. 맞는 말씀이다. 그 광활한 우주의 크기만큼 정신에서 나오는 욕망은 종류도 크기도 너무나 다양하다. 여기에 대해서 오로지 확실하게 말할 수 있는 게 있다면, 종류건 크기건 종잡을 수 없으니 '어떤 일반화도 불가능하다'는 것이다.

### 3) 화폐에 대한 욕망

극소수 극단적인 경우를 제외하면 압도적 다수의 사람들에게 화폐에 대한 욕망은 무한하다. 앞에서 예를 든 식으로 화폐를 선물을 주면서 액수를 얼마로 써 넣으면 좋겠느냐고 물으면, 모두 마음속으로 '백지수표'라고 외칠 것이다. 무조건 다다익선이다. 많으면 많을수록 좋다.

어째서일까? 먼저 한 가지 분명히 할 것이 있다. 앞의 두 가지 욕망과 구별되는 '화폐 그 자체에 대한 사랑'을 지금 이야기하고 있다. 돈만 있으면 구두도 쌀도 아파트도 다 살 수 있으니, 위의 두 가지 욕망을 생각하면서 돈에 대한 욕망과 헷갈리게 되면 화폐에 대한 욕망 그 자체에 대한 생각은 불가능하다.

이것이 존 메이너드 케인스John Maynard Keynes가 화폐에 대한 철학과 이론에서 크게 기여한 부분이다. 화폐에 대한 수요에서 '소비의 욕망', '저축의 욕망, 즉 유동성 선호', '투기적 욕망, 즉 큰 이익에 대한 욕망'을 나눈 것이다. 그에 따르면 화폐에 대한 욕망 그 자체라고 할 수 있는 것은 뒤의 두 가지에 해당하는 것이다. 왜냐면 첫 번째는 앞에서 말한 대로 크기가 뻔하게 정해져 있는 욕망이니까.

구두 1만 켤레를 살 수 있어서가 아니다. 쌀 1천 가마니를 살 수 있어서가 아니다. 돈을 가지고 있는 기쁨은 그것을 넘어서는 무엇이다. 당장 오늘 밤에 공돈 100만 원이 생긴다고 해보자. 이 돈을 무엇에 쓸까, 예쁜 옷을 살까 아니면 어디 여행이나 다녀올까 등을 생각하며 즐거운 한때를 보내게 된다. 막상 옷이나 여행 티켓이 주는 즐거움과는 다른 즐거움을 오늘 밤에 얻게 된다. 이 '캐쉬'의 맛이 주는 정체는 무엇일까.

이는 '미래의 가능성'에 대한 욕망이라고 할 수 있다. 화폐에 대한 욕망의 정체는 지금 당장이 아니라 정해져 있지 않은 무한의 미래라는 시간 지평을 바라보면서 얻는 '가능성'에 대한 욕망이다. 그 가능성의 양이 숫자로 적혀 내 손 안에 들어와 쥐어지는 기쁨에 대한 욕망인 것이다. 알고 보면 돈에 대한 욕망을 '물질적 욕망'이라고 하는 것은 대단히 잘못된 표현이다. 돈에 대한 욕망은 상당히, 아니 아주 추상적이고 형이상학적인 욕망이다.

이 욕망은 어째서 무한한 것일까? 너무나 당연하다. 미래의 가능성이라는 말을 조금 바꾸어 표현하면 '더 많은 삶'이기 때문이다. 더 많은 삶을 원하지 않는 사람이 얼마나 될까? 과연 있기는 할까? 심지어 죽음이 임박한 사람들도 죽음 뒤의 더 많은 삶을 갈구하며 거기에 오히려 돈을 쓰기까지 하지 않는가? 그리고 하나 더. 얼마나

'더 많으면' 되는가? 무한일 것이다. 우리의 삶에 대한 욕망은 양을 따질 수 없으며, 굳이 양으로 표현해야 한다면 무한대라고 밖에 표현이 불가능하다. 그래서 화폐에 대한 욕망은 무한하다.

그래서 케인스는 '화폐에 대한 욕망'을 비합리적이고 정신병적인 것으로 보기도 했다. 프로이트Sigmund Freud 심리학에 나오는 항문기 성격 장애자들이 '똥'에 대한 대체물로 집착하는 것을 원인으로 찾아보기도 했다. 이자율과 유동성 선호에 대한 분석의 밑받침이 되는 것은 그의 스승 앨프레드 마셜의 '합리적' 화폐 수요 같은 것이 아니라 바로 이러한 비합리적인 병적 심리에 대한 냉철한 직시였다. 케인스의 화폐 이론에 대한 이야기는 다른 곳에서 마저 하도록 하자. 여기서는 화폐에 대한 욕망이 무한하다는 것은 우리 모두 잘 알고 있는 사실인 바, 그렇게 되는 아주 명석한 이유가 있다는 것만 짚고 넘어가겠다.

## 4) '돈에 대한 욕망'으로 획일화

욕망을 분류하는 방법은 개개인의 다양성만큼 무한히 많다. 여기에 내놓은 세 가지 분류는 단지 욕망의 크기라는 측면에서 생각해본 하나의 방법일 뿐이다. 즉 유한할 뿐만 아니라 크기가 대단히 일정하게 정해져 있는 물질적 욕망, 클 수도 작을 수도 무한할 수도 0일 수도 있는 정신적 욕망, 무조건 무한하게 되어 있는 화폐의 욕망이다. 이렇게 잠깐만 생각해보아도 '인간의 욕망은 무한하다'라는 명제에 대해 의문이 생긴다. 그래서 참 이상한 일이다. 어째서 우리 대부분은 이 명제를 아무렇지도 않게 자명한 진리라고 생각하게 된 것일까?

답은 우리의 욕망을 '시장에서의 욕망'과 헷갈린 데 있다. 시장이라는 제도는 아주 오래된 것이지만, 그것이 질적으로나 양적으로 폭발적인 팽창을 하게 된 것은 비교적 최근의 일이며, 본격적인 소비주의consumptionism의 등장이라고 할 만한 현상을 가져온 시장의 발생은 18세기 영국의 런던을 이야기한다. 지금도 유명한 웨지우드 같은 도자기 세트와 옷에 다는 단추 같은 명품에 많은 런던 사람들이 열을 올리던 시대였다. 시장이라는 것이 정말로 인간의 물질적 욕망에서 정신적·미학적 욕망까지, 사람의 존재 전체를 포괄하는 방향으로 본격적으로 팽창하기 시작한 때였다.

21세기에 완성된 이런 시장의 모습은 백화점이나 인터넷 쇼핑몰에서 지금 얼마든지 경험할 수 있다. 여기에서 우리가 느끼는 비슷한 심정은, '돈만 있으면 정말 좋은 세상이구나'라는 것이다. 우리가 보통 상상할 수 있는 종류의 어떤 욕망이든 돈만 있으면 충족이 가능하다. 이것이 바로 '시장의 욕망'이다. 돈이라는 동일한 투입물만 있으면 오만 가지의 다종 다기한 욕망을, 그것도 자기가 원하는 양만큼 정확히 재어 딱 그만큼으로 채울 수 있는 황홀한 기적의 장이다. 하지만 그렇다고 해서 인간의 욕망이 즉시 돈에 대한 욕망으로 획일화되지는 않는다. 두 단계를 거쳐야 한다.

처음 시장을 경험하는 이들이 취하는 전략은 '알뜰하게 아낀다 sparend'이다. 시장에서 누구나 겪는 상황은, 충족하고 싶은 욕망은 무한히 많지만 가지고 있는 돈은 유한하다는 상황이다. 따라서 먼저 이 유한한 돈의 한계(예산제약선)를 감안하여 자신이 충족하고자 하는 욕망, 즉 구매하고자 하는 상품의 양을 가장 합리적으로 안배해야 한다. 홈쇼핑 채널을 보다가 간장게장에 혹한 어느 자취생처럼 잘못하다가는 한 달 내내 라면에 간장게장만 먹어야 하는 사태가 올 수 있으니까. 이러한 계산을 잘하기 위해서는 질적으로 다른 여러 욕망을 통일시킬 수 있는 수적 단위를 찾아내야 한다. 하몬에 와인을 즐기며 몇 십만 원을 쓰는 즐거움과 소주에 참치 통조림을 즐기며 1만 원 정도를 쓰는 즐거움은 정확하게 몇 배의 차이인가? 이것은 사람마다 다르다. 따라서 자신이 가진 욕망과 선호의 서열을 따져 자기만의 '효용함수'를 찾아내야 한다. 그리고 이 함수에 자기의 '예산제약선'을 붙여서 어떤 재화를 어느 만큼씩 구매하는 게 가장 합리적인지를 찾아내야 한다. 여기까지는 경제학 교과서의 앞부분에 나오는 이야기다.

하지만 이는 참으로 절망적인 상황이다. 세상에 이렇게나 좋은 게 많은데, 왜 나는 항상 그 앞에서 작아져야 하는가? 잔고 조회 한 번 해봤다가 수첩 꺼내서 구매 목록 작성했다가 다시 한번 잔고 조회 해봤다가 하는 이 찌질한 루틴을 도대체 언제까지 반복해야 하는가? 놀라운 욕망의 향연이라고 할 시장은 이렇게 해서 사람의 욕망을 자극할 뿐만 아니라 그 무한한 성취에 대한 꿈을 심어준다. 그다음으로 이 시장에서의 욕망은 곧 금융시장에서의 욕망, 즉 더 많은 화폐의 획득이라는 욕망으로 발전한다.

금융시장은 특별한 시장이다. 여기에서는 화폐가 수단이자 투입물이기도 하며, 동시에 목적이자 산출물이기도 하다. 옛날에 경제학자 데이비드 리카도는 노동가치론을 연구하기 위해 오로지 곡식의 씨앗과 사람의 노동만을 투입하여 곡식의 가치를 산출하는 경제모델을 상상한 적이 있었다. 이러한 리카도의 비전이 전혀 다른 방향으로 실현된 것이 바로 금융시장이다. 여기에서는 투입물도 돈이며, 산출물도 돈이다. 따라서 투입과 산출을 똑같은 숫자의 단위로 계산하여 수익률이라는 것을 정확히 숫자로 계산할 수 있다. 그리고 그 중간의 모든 과정 또한 돈이 움직이는 과정이므로 모두 숫자로 측량할 수 있다. 이에 그냥 시장에서의 합리성이 아닌 '금융시장'에서의 합리성이 태어나며, 이것이 경제적 합리성의 완성 형태로 여겨지게 된다. 그리고 이러한 금융시장에서의 합리성으로 자신의 일거수일투족, 나아가 자신의 욕망까지 바라보게 만드는 것이 가장 합리적인 경제적 태도라는 생각이 굳어지게 된다.

인간의 욕망은 다종 다기하지만 시장경제에서는 돈만 있으면 다충족할 수 있으므로 결국 욕망 충족의 문제는 돈의 문제이다. 그래서 욕망을 충족하기 위해서라도 우선 돈을 벌어야 하므로, 인간의 욕망은 결국 돈에 대한 욕망으로 귀결된다. 앞에서 이야기한 대로 돈에 대한 욕망은 무한하다. 어디까지 벌어야 만족할 수 있는지의 답을 가진 인간은 존재하지 않는다. 그래서 오늘날 현대인은 인간의 욕망이 무한하다는 명제를 너무나 자명한 진리처럼 착각하게 된 것이다.

정리하자면 욕망은 유한하든가, 크기를 종잡을 수 없든가, 무한하든가이다. 나는 여기에서 시작하여 더 많은 분석과 연구가 이루어질 것을 기대하지만, 열아홉 살 대학교 1학년 학생도 알고 있는 사실이 있다. '인간의 욕망은 무한하며……'는 틀렸다. 너무 단순하고 무지막지한 이야기다. 그리고 이렇게 한심한 명제를 무슨 공리나 되는 듯 전제하고 구축되는 경제학의 이론 체계는 기초부터 무너지게 되어 있다.

## 허무, 무한 소비라는 질병의 증상

21세기 산업 지역의 인류에게 영혼을 갉아먹어 허무를 낳는 질병은 '무한 소비'다. 소비를 뜻하는 영어 '컨슘션consumption'은 19세기까지만 해도 부정적인 어감이 더 큰 단어였다. 있는 것을 써서 없애는 '잠식', '침식'이라는 뜻이 있기 때문이다. 그래서 결핵균에게 폐를 갉아먹히면서 몸과 정신이 시들어가는 병을 지칭하는 단어이기도 했다. 하지만 20세기 중반 이후 소비는 완전한 미덕, 경제적 인간을 받드는 세속 종교의 최고 가치 중 하나가 되었다. 이제는 유명한 어느 철학자가 말한 '나는 생각한다, 고로 나는 존재한다'라는 개인의 존재 증명은 '나는 소비한다, 고로 나는 존재한다'로 바뀌어버렸다.

어째서 이런 일이 벌어졌을까? 사회·경제적 맥락에서 보자면, 20세기 초입에 본격적으로 힘을 발휘하기 시작한 2차 산업혁명의 귀결이 '대량소비/대량생산'의 패러다임이었다는 데 그 배경이 있다. 턱없이 낮은 생산 비용으로 어마어마하게 쏟아져 나오는 상품들이 모두 소화되지 않으면 자본주의 전체가 이른바 '과소소비under-consumption'의 위기로 갈 수밖에 없다는 것은 여러 경제학자들이 입을 모아 경고했다. 이러한 시대적 요구에 맞추어 광고 산업이 폭발적으로 발전한다. 양만 늘어난 것이 아니다. 정신분석학의 아버지라할 지그문트 프로이트의 조카였던 에드워드 버네이즈Edward Bernays같은 걸출한 인물들이 나와 사람의 욕망과 욕구를 말랑말랑한 진흙처럼 원하는 모습과 크기로 빚어내는 일이 가능해졌다.

하지만 보다 중요한 원인은 우리 마음속에 있다. '인간의 욕망은 무한하다'라는 명제는 앞에서 잠깐 살펴본 인간 욕망의 모든 복잡한 차원을 뭉그러뜨려버렸다. 우리는 인생의 의미가 담긴 '좋은 삶'이라는 것을 '더 많이 벌어 더 많이 소비하는 것'으로 생각하기 시작했다. 그래서 우리의 존재는 두 가지의 흐름으로 해체되기에 이른다. 하나는 물질의 흐름이다. 내 눈과 입과 귀, 몸의 모든 감각기관을 거치면서 '즐거움'을 주고 지나가는 물질들은 나를 거쳐 폐기물과 폐에너지로 흘러간다. 그 반대 방향으로 흐르는 것은 돈이다. 겉으로 보면 그냥 얼마의 액수가 흘러가는 것 같지만 보다 심각한 의미는 그 돈의 흐름에 담긴 정보다. 어떤 연령과 성별을 가졌고 어디에 살고 무슨 직업을 가진 사람이, 이러이러한 물건에 얼마의 돈을 어떤 주기로 지출한다는 정보. '나'는 그래서 물질 및 에너지와 화폐 및 정보의 흐름이 교차하는 결절점으로 작아진다.

이러한 맥락에서 이루어지는 소비는 당연히 허무로 이어진다. 어떤 존재든 어떤 사실이든 그것으로 달성하고자 하는 목적과의 관계 속에서만 의미를 가질 수 있게 된다. 하지만 어느새 소비 그 자체를 목표로, 이른바 '지르는' 재미와 맛으로 벌어지는 소비는 그러한 목적도 희미하고, 따라서 그 의미도 불분명하거나 애매하다. 소비를 행하면서 카드를 긋는 순간, 그래서 그 상품을 취하여 즐기는 한 시간은 말할 수 있는 기쁨에 젖지만 그게 전부다. '소비하는 것을 존재 증명'으로 삼는 일은 헛된 일이다. 그렇기 때문에 이러한 소비는 곧 양적으로도 질적으로도 끝을 알 수 없는, 무한 소비로 발전하기 십상이다. 어느 청춘 영화의 대사처럼, '절대로 도달할 수 없는 소실점으로의 무한 질주'인 셈이다. 물론 모든 사람이 이 정도 중증의 무한 소비라는 덫에 걸려 있는 것은 아니며, 대부분의 우리는 지갑 사정이라는 뚜렷한 '예산제약선'이 있기 때문에 그렇게 될 수도 없다. 하

지만 소비, 그것도 멋지고 폼나고 있어 보이는 소비는 우리의 로망
이 되어 우리의 의식 속에서 바람직하고 도달해야 할 '좋은 삶'의 자
리를 차고앉는다.

이 소리 없고 고통 없는 질병의 주된 증상이 허무로 나타나는 현
상은 필연적이다. 우리는 소비의 순간에 맛보는 쾌락의 정점을 찍
고, 새로운 정점으로 메뚜기처럼 뛰어가기를 원하며, 그러한 정점
에서 정점으로 메뚜기 뛰는 인생이 계속되기를 원한다. 정점에 도
달해봐야 그 의미는 다음 정점으로의 점프일 뿐이다. 1980년대 일
본 경제의 소비 파티와 그 공허를 담아낸 일본 애니메이션 〈센과 치
히로의 행방불명〉에 나오는 캐릭터 '가오나시', 끝없이 모든 것을 먹
어치우지만 한없이 공허하여 존재조차 없는 그림자, 그래서 공허하
여 또 먹어치울 무언가를 찾아 헤매는 그림자의 이미지가 이를 잘
포착하고 있다.

일본 조이본드(Joybond)사에서 2010년 출시한 이동식 수박 냉장고
마루고토 타마짱(Marugoto Tamachan)

《가디언》의 칼럼니스트이자 『사로잡힌 국가』의 저자인 조지 몽비오<sup>George</sup>

<sup>Monbiot</sup>는 가장 어리석은 과소비 상품 중 하나로 '이동식 수박 냉장고'를 꼽

았다. 그는 이것이 인류 문명의 파멸을 암시하는 증후라고까지 심각하게

받아들인 듯하다. 하지만 이걸 끌고 다니면서 '시원한 수박을 어디에서나'

즐기는 사람들은 그런 어두운 그늘 한 점도 없이 마냥 즐거울 것 같다.

젊은 시절 농촌 활동으로 갔던 마을은 수박 농사를 지었다. 땡볕에서 땀 흘

리다가 주인 아저씨가 새참 삼아 수박 한 덩이를 호미로 터뜨려서 나눠 주

셨다. 우리 이마에 흐르는 땀 국물만큼 미지근, 아니 슬쩍 뜨겁기까지 한

수박이었다. 하지만 꿀맛이었다. 그때 이 물건이 있었으면 나는 어느만큼

더 행복했을까. 사시사철 어디에서나 '시원한 수박'을 원하는 이들은 이 물

건을 어디까지 끌고 갈까. 어쩌다가 '호모 이코노미쿠스'는 '전기를 주식으

로 하는 생물'로 진화 혹은 퇴화한 것일까.

2 ———————— 욕망의 '양'을 찾아내는 방법

모두가 한 번은 느꼈을 법한 감정에 대
해, 그리고 그 근본 원인이 되는 '인간 욕망의 무한성'이라는 잘못된
명제에 대해 이야기해보았다. 하지만 이러한 추상적인 사변만으로
는 이 '무한 소비'의 모래 지옥에서 빠져나올 수 없다. 욕망의 양은
'종잡을 수 없다'고 말해봐야 당장 지금의 내 경제생활을 조직할 수
있는 지침을 얻을 수는 없기 때문이다. 따라서 그 복잡다단한 여러
층위의 욕망을 아울러서 적절한 양과 한계를 부여할 수 있는 보다
실용적인 지혜가 필요하다. 아리스토텔레스와 존 듀이 John Dewey는
2천 년이라는 시간의 간격을 가진 철학자들이지만, 실용주의에 있
어서는 놀라운 지혜를 보여주었다. 이들의 이야기에 귀 기울여보자.

## 수단의 양은 목적으로 결정된다

아리스토텔레스는 그의 윤리학 저서로 2천 년 넘게 서양 사상을 지배해왔다. 하지만 오해를 피할 필요가 있다. 그의 윤리학은 이렇게 살아야 하느니 저렇게 행동해야 하느니를 늘어놓는 이야기라고 생각해서는 안 된다. 그는 플라톤과 달리 그렇게 고정되어 있는 절대적 '좋음' 따위가 있다고 생각하지 않았으며, 집단마다 또 사람마다 그 좋음이 다 다르게 생겼다고 보았다. 그리고 그러한 맞춤형의 좋음은 그 집단과 개인을 '좋은 삶'으로 이끄는 길잡이라고 보았다. 따라서 그의 윤리학은 개인과 집단이 어떻게 자신의 좋음을 찾아낼 것인가, 그리고 거기에 입각하여 자신의 생각과 행동을 알맞게 구성할 것인가라는 방법에 많은 초점을 두었다. 요컨대 '자신의 생각과 행동을 스스로 점검할 수 있고, 그래서 자신감을 가질 수 있는 방법'을 이야기하고 있다.

그 강력한 방법의 하나는 목적과 수단의 관계를 명확히 하는 것이다. 우리의 모든 행동은 어떤 목적을 지향하게 되어 있다. 그 목적을 달성하기 위해 이런저런 수단을 동원하게 되어 있으며, 그래서 그런 여러 수단을 획득하는 데 골몰한다. 그런데 실제의 생활에 빠져들다 보면 애초에 무엇이 목적이었고 무엇이 수단이었는지 기억이 모호해지고 아예 망각하기도 하며, 심지어 목적과 수단이 반대로 뒤집히기도 한다. 우리가 경제생활에서, 특히 욕망과 소비에 있어서 가장 많은 혼란을 겪는 부분이 이 부분이기도 하다. 여기에서 다시 생각과 행동의 질서를 바로잡자면, 목적과 수단의 관계에 대해 분명히 해둘 필요가 있다.

목적은 수단의 내용과 양 모두를 결정한다. 여기서 내용을 결정한다는 것은 직관적으로 이해가 된다. 바이올린으로 코를 즐겁게 할 수 없고, 장미꽃으로 배를 불릴 수는 없으니까. 목적이 무엇이냐에 따라 수단의 내용이 무엇이냐는 직접 결정된다. 그런데 목적이 '양' 또한 결정한다는 명제는 똑같이 자명한 것임에도 많은 이들이 망각하는 경우가 있다.

목적이 수단의 내용뿐만 아니라 양 또한 결정한다는 데 대한 쉬운 예를 들어보겠다. 오늘 밤 네 가지의 다른 목적을 가진 이들이 있다고 하자. 한 사람은 오늘 밤 푹 잠들고자 하고, 두 번째 사람은 신나게 파티를 즐겨보고자 하며, 세 번째 사람은 마취 수술을 하고자 하며, 네 번째 사람은 스스로 목숨을 끊고자 한다. 이 전혀 다른 네 가지의 목적에 부합하는 하나의 수단이 있으니, 바로 모르핀이다. 모르핀은 수면제로 쓸 수도, 환각제로 쓸 수도, 마취제로 쓸 수도, 자살 도구로 쓸 수도 있으니까. 하지만 양이 달라진다. 네 가지의 목적에 맞추기 위해서는 각각의 목적에 맞는 정량을 투여해야 한다. 만약 이게 엇갈렸을 때 어떤 희극과 비극이 벌어질지를 상상해보라.

이 예에서 보이는 원칙은 사실 모든 목적-수단 관계에 다 적용된다. 그런데 통속 경제학에 나오는 경제적 인간의 사고방식에 절어 있는 우리는 간혹 이렇게 묻는다. '모자라면 안 된다는 것은 알겠는데, 넘치도록 많으면 좋은 것 아닌가? 다다익선이지 않은가?' 이렇게 생각하게 되면 곧바로 일단 더 많이 확보하고 보자는 행동으로 이어지게 된다.

다음 절에서 좀 더 이야기하겠지만, '다다익선'은 근본적으로 또 장기적으로 보면 틀린 말이다. 우리의 삶에는 정말로 아껴야 할 희소한 자원들이 있기 때문이다. 시간, 에너지, 돈, 관계, 정신적 힘 등은 유한하므로 어느 하나를 넘치게 장만하려다 보면 반드시 다른 어떤 것은 부족하게 되어 있다. 돈 버는 데 전력을 쏟다가 아이와의 관계가 소원해져버린 많은 아버지들이 이를 깨닫고 뒤늦게 가슴을 치지만, 때는 늦었다. 근본적으로 또 장기적으로 우리 삶의 자원을 제대로 만족스럽게 배분하기 위해서는 어떤 하나의 목적에 꼭 필요한 만큼 이상의 수단을 얻으려는 생각을 버려야 한다. 다시 말하지만, 수단의 양은 목적에 의해 결정된다. 더도 말고 덜도 말고.


## 목적은 더 상위의 목적을 위한 수단이다

이는 아리스토텔레스의 저작에도 이미 명료하게 나와 있는 생각이지만, 이를 보다 풍부하고 알기 쉽게 강조한 이는 20세기 미국의 실용주의pragmatism 철학자 존 듀이다. 이들의 생각을 쉽게 풀어서 알아보자.

열심히 운동해 식스팩 복근을 만들기로 마음먹었다. 이 경우 목적은 식스팩 복근이며, 피트니스 센터와 그 안의 각종 운동 기구, 트레이너 등은 수단이 된다. 따라서 운동 시간, 운동 기구, 개인 트레이닝 시간과 액수 등의 양은 모두 식스팩 복근이라는 목적으로 규정된다. 하지만 식스팩 복근은 궁극적 목적인가? 대다수의 경우는 그렇지 않을 것이다. 이는 다시 그보다 상위의 목적을 위한 수단이다. 어떤 이는 매력적인 몸을 만들어 연예인이 되고 싶어서이기도 하고, 어떤 이는 동네의 선남선녀들에게 멋지게 보이고 싶어서이기도 할 것이며, 또 단순히 건강을 목표로 하거나 허리 통증을 덜기 위해서이기도 할 것이다. 그런데 이 상위의 목적을 다시 생각해보자. 이런 것들은 궁극적 목적인가? 이 또한 그렇지 않다. 인기 연예인이 되어 그것으로 다음에 어떤 경력을 열어보고자 하는 뜻이 있을 것이며, 멋지게 보여서 즐거움을 얻고자 하는 뜻이 있을 것이다. 이렇게 목적과 수단의 관계는 고정된 것이 아니며, 모든 목적은 그보다 상위의 목적에 대해서는 수단이다. 모든 목적은 그 의미를 보다 상위의 목적에서 부여받게 되어 있다. 그래서 존 듀이는 우리의 인생이 이렇게 최상위의 목적에서 그보다 아래의 수단, 다시 그 아래의 수단…… 등으로 죽 이어지는 하나의 연속체라고 보았다. 따라서 우리의 실제 인생에서는 목적-수단 관계가 존재한다고 해도 그것을 추구하는 과정에서는 서로 삼투되어 불가분으로 엮이게 되어 있다고 말한다.

아리스토텔레스는 '수단의 양은 목적으로 제한되지만 목적의 양은 무한대'라고 말하기도 했다. 예를 들어, 의사가 환자를 고치기 위해 필요한 의약품의 양은 유한하지만, 환자의 건강이라는 목적은 무한히 추구하게 되어 있다는 것이다. 근본적으로는 맞는 말이지만, 듀이의 지적을 감안하면 중대한 수정을 해야 한다. 그 '목적'이라는 것도 보다 상위의 목적에 있어서는 수단이기 때문에 무한히 추구할 이유가 없이 뚜렷한 '양'의 한계를 가지게 되어 있다. 그래서 그 어떤 목적도 무한히 추구할 이유는 없어진다. 그 또한 동시에 '수단'이니까.

그렇다면 잠깐 맑아지는가 싶던 수단의 양을 찾기 위한 노력도 다시 미궁에 빠진다. 아리스토텔레스의 말처럼 수단의 양을 아주 구체적으로 한정할 수 있다고 해도, 우리의 삶에서 듀이의 말대로 무수히 많은 목적과 거기에 딸려오는 무수히 많은 수단이 실타래처럼 얽혀버린다면, 이 밑도 끝도 없이 뒤엉킨 실타래의 처음과 끝을 어떻게 찾아 어디서부터 하나씩 양을 부여하고 한정해나갈 것인가? 여기에서 필요해지는 개념이 바로 '최고선'이라는 개념이다.

# 인생의 궁극적 목적으로서의 '최고선'과 '좋은 삶'

'최고선summum bonum' 개념은 로마 공화정 말기의 철학자 키케로 Marcus Tullius Cicero가 그의 윤리철학에서 그리스 철학의 여러 유파를 비교하기 위해 만든 말이지만, 그 생각의 뿌리는 아리스토텔레스의 저작에 이미 나와 있다. 한마디로 우리가 추구하는 모든 목적의 궁극적 목적, 우리의 모든 생각과 행동이 귀결되는 종착점으로서 인생 최고 목적의 개념이라고 할 수 있다.

플라톤은 이 최고선을 초시간적이며 보편적인 절대 불변의 초월적인 것으로 생각했고, 이를 깨달을 수 있는 것은 오로지 궁극의 철학자 현인뿐이라고 보았다. 하지만 아리스토텔레스는 그러한 천상의 개념을 땅으로 끌어내려 우리의 실제 삶에 아주 적실한 것으로 제시하고 있다. 그는 플라톤에 대해 이렇게 묻는다. '그런 초월적인 최고선을 마음에 품고 있으면 내가 더 뛰어난 구두장이가 되는가? 내 삶이 더 만족스럽고 행복해지는가?' 그는 개인마다 집단마다 구체적 삶의 조건과 환경이 다르기 때문에 실제의 삶을 살아가는 사람들은 그 최고선 또한 달라질 뿐만 아니라, 그 구체적 삶에 도움이 되고 현현되어 나타나는 것이어야 한다고 생각했다.

이 두 거인의 관점 차이는 우리가 논할 일이 아니다. 우리의 관심사는 '무한한 욕망'을 쫓는 '무한 소비'의 함정에서 빠져나와 우리의 욕망에 양적 질서를 부여할 수 있는 튼튼한 밧줄, 행동 지침이다. 그런데 이러한 최고선 개념은 앞에서 존 듀이를 이야기하며 절망적으로 엉켜버린 목적과 수단의 실타래를 풀어나갈 수 있는 강력한 도구가 된다. 듀이의 말이 옳지만, 그 무수한 우리의 목적과 수단에 서열이 없는 것이 아니다. 목적 사이에는 분명한 상하 관계가 있다. 그게 실제의 삶에서 너무 엉켜 본인도 '내가 지금 이런 걸 왜 하고 있지?'라는 미궁에 빠졌을 때는 이 목적 사이의 서열을 분명히 세우는 것이 답이다. 그렇다면 그 서열은 어디에서 부여되는가? 바로 이 최고선이라고 할 수 있다.

최고선 개념은 우리 삶에서는 '좋은 삶$^{eu\ zen}$'이라는 개념과 사실상 동일해진다. 우리 인간이 살아 숨 쉬는 동안 추구하는 궁극의 최고 목적이 이 '좋은 삶' 말고 있는가? 물론 사람마다 다르다. 예수 그리스도와 석가모니는 인간의 정신과 영혼을 깨우는 것을 자신의 좋은 삶으로 설정하여 평생 탁발을 하고 또 십자가의 고통을 겪기도 했다. 어떤 이에게는 비싼 자동차를 열 대씩 모는 것이 좋은 삶일 수도 있다. 내용은 모두 다르겠지만 인간인 이상 좋은 삶 이외의 것이 최고선이 될 수 없으며, 또 최고선은 온전히 좋은 삶이 된다.

그렇다면 최소한 형식적 방법에 있어서는 내 경제생활에서 내가 추구하는 모든 것의 '양'을 구체적으로 결정할 수 있는 방법이 구성되었다. 나의 좋은 삶이 무엇인지를 명확하게 하여 그것을 최고선으로 설정한다. 그다음에는 이를 달성하기 위해 여러 목적에 위계서열을 분명히 하여 사다리처럼 구성한다. 마지막으로 그렇게 구성된 사다리에 매달린 하나하나의 목적/수단을 그 상위의 목적에 비추어 구체적 양을 결정한다.

이는 형식적 방법 차원에서의 이야기이며, 최소한 논리적으로는 우리의 욕망과 그 수단의 양에 질서를 부여할 수 있는 방법이 된다. 하지만 이를 실제의 경제생활에 적용하려다 보면 큰 난관에 부닥쳐서 시작도 못 해보고 끝나기 일쑤다. 그 어려운 문제는 '나의 좋은 삶의 내용을 어떻게 찾아나갈 것인가'이다. 좋은 삶의 내용을 채우는 문제에 대해서는 4절에서 좀 더 이야기할 것이다. 먼저 이러한 형식적 방법을 좀 더 구체적으로 이야기해보도록 하자.

3 ——————    욕망에 질서를 부여한다

　　　　　　　방금 살펴본 이야기를 우리 경제 행동
의 지침으로 삼을 수 있을 뿐만 아니라, 여기에서 시작하여 '경제적
인간'을 대체할 수 있는 대안적 경제학도 구성할 수 있다. '살림살이
경제학'은 이미 20세기 중반부터 칼 폴라니나 칼 윌리엄 캅 같은 이
들에 의해 그 기본적인 틀과 방향이 마련되어 있다. 이 경제학은 개
인의 삶뿐만 아니라 모든 범위에서 다양한 쟁점으로 전개될 수 있
지만, 특히 지금 논의하는 문제에 있어서는 '욕망의 질서'를 부여하
는 원칙으로 발전될 수 있다.

## 살림살이 경제학

먼저 '경제'라는 말의 뜻부터 생각해보자. 이는 돈벌이인가 살림살이인가? 어리석은 말장난처럼 보이지만, 이 난데없는 질문에 당혹해하는 이들은 아주 많다. 두 가지가 동일한 것 아닌가? 돈이 있어야 살림을 하고, 살림을 하기 위해 돈을 버는 것인데? 다른 책에서 설명했지만, 이 둘은 동일한 개념이 아니며 명백하게 다른 개념이다. 그리고 둘 중 어느 쪽을 선택하느냐에 따라 전혀 다른 방향의 경제학이 성립하게 된다.

'살림살이 경제학'이라는 말은 '실체적 경제학substantive economics'을 이해하기 좋도록 바꾼 말이다. 카를 멩거, 막스 베버, 칼 폴라니 같은 경제사상가들은 우리의 경제활동에서 '실체적 의미 및 실체적 합리성' 그리고 '형식적 의미 및 형식적 합리성'을 구별한다. 복잡한 철학적 논리를 건너뛰어 단순히 말하자면, 전자의 의미는 '내가 어떤 삶을 살 것이며 거기에 무엇이 필요한가'를 따지는 합리성과 경제활동을 말하며, 후자의 의미는 '어떻게 선택을 해야 적은 비용으로 큰 성과를 이룰 수 있는가'이다. 전자는 '경제활동wirtschaften'이라고 말할 수 있으며, 후자는 '알뜰하게 아낌sparend'이라고 말할 수 있다. 여기에서 전혀 다른 두 개의 경제 정의가 성립한다. 전자에서는 우리가 경제학 교과서에서 익히 보았던, 앞에서 인용한 경제 정의가 도출된다. 즉 '인간의 욕망은 무한하고 주어진 수단은 항상 희소

하므로, 최대의 비용/편익을 얻을 수 있도록 선택하는 행위'이다. 반면 후자에서는 새로운 정의를 얻을 수 있다. '나와 우리의 좋은 삶을 위해 필요한 것들을 조달하는 행위'이다. 전자가 '이익'을 목표로 조직되는 행동이라면, 후자는 '좋은 삶'을 위한 행동으로, 친숙한 말로 '살림살이'라고 할 수 있을 것이다.

흥미롭게도 이러한 실체적 경제학, 즉 살림살이 경제학의 정의는 영어의 '이코노미economy'라는 말의 어원적 의미와 크게 상통한다. 이 단어는 그리스어 '오이코노미아oikonomia'에서 나왔는데, '집'이나 '가정'을 뜻하는 '오이코스oikos'와 '관리하다'라는 뜻인 '노미아nomia'가 결합된 말로서 '가정의 관리'라는 뜻을 가지고 있다. 본래 경제란 '살림살이oikonomia'를 뜻하는 말이었던 것이다. 그래서 최초의 경제학 저작으로 여겨지는(혹은 오인되는) 크세노폰Xenophon의 『경제학oikonomikos』에는 (엉뚱하게도) 집안과 가정경제를 어떻게 관리하고 살필 것인가에 대한 이야기만 잔뜩 쏟아진다.

아리스토텔레스는 한 걸음 더 나아가 살림살이를 '재물 획득의 기술chrematistike'과 대조하기까지 한다. 앞서 이야기했던 그의 목적-수단 관계의 논리에 따르면, 재물 획득의 기술은 어디까지나 살림살이의 수단이자 하부 기술일 수밖에 없다. 경제활동의 본질은 여전히 가정경제의 성원들 전체에 좋은 삶을 가져다주는 것에 있으며, 그 방편의 하나로서 재물 획득의 기술이 있으므로 어디까지나 후자는 전자에 종속되어야 한다는 것이다. 그럼에도 불구하고 그가 살던 당시의 아테네 사람들은 이 두 가지를 헷갈려서 '재물 획득의 기술'이 바로 살림살이라는 착각에 빠지고 있다고 비판한다. '재테크'를 경제활동의 본질로 보는 착각은 오늘날만이 아니라 2천 몇백 년 전 아테네에서도 똑같이 벌어졌던 셈이다. 그래서 아리스토텔레스는 다시 한번 강조한다. 어디까지나 좋은 삶에 필요한 것을 조달하는 활동이 경제활동의 본령이라고.

우리는 이러한 살림살이 경제학의 관점에서 앞의 이야기를 발전시켜 경제활동에서 욕망에 질서를 부여할 수 있는 지침을 얻을 수 있다.


## 무엇을 조달할 것인가, 어떻게 조달할 것인가


'돈벌이 경제학'이 전개하는 생각의 알고리즘을 참고해보자. 이는 '돈으로 계산되는 자산 가치의 증식'을 최고 목표로 하여 마련된 생각의 순서다. 자산의 현재 가치를 추정하는 복잡한 과정을 단순하게 설명하면 다음의 세 가지 고려 사항으로 이루어진다고 볼 수 있다. 첫째, 그 자산을 취득함으로써 얻게 되는 미래 수익의 크기, 즉 '얼마나 많은 수익을 얻을 수 있는가'를 생각한다. 여기에는 정규적인 수익의 흐름 이외에도 여러 가능한 미래 세상의 변동에서 생겨나는 '미래 가치hype'에 대한 고려도 당연히 포함된다. 둘째, 그러한 수익 예상이 뜻대로 되지 않을 가능성, 즉 '리스크'를 고려한다. 셋째, 그 자산을 취득하는 데 필요한 자본의 조달 비용(아주 간단히 보자면 이자율 등)을 고려한다. 이 세 가지를 세심히 살피고 계산하면 최대한 합리적인 자산의 현재 가치를 얻을 수 있다.

하지만 살림살이 경제학은 다르다. 그 최고 목적은 '자산 가치의 증식'이 아니라 나와 우리의 좋은 삶이기 때문이다. 그래서 사고의 순서는 전혀 다른 방향을 갖게 된다. 무엇보다도 먼저, 앞에서 말한 대로 나, 우리 가족, 우리 마을, 우리 나라 등 여러 단위에서 추구하고자 하는 최고선으로서 좋은 삶의 내용을 결정한다. 애매모호한 말로 되지 않는다. 당장 그리고 10년 후, 50년 후에 무얼 조달해서 어떻게 삶을 살아갈 것인가를 명확하게 말할 수 있도록 최대한 구체적이고 분명해야 한다. 요즘 말로 하자면 '라이프스타일'에 가깝다고 할 수도 있다. 하지만 이는 단순히 방송이나 SNS에 나오는 다른 사람들의 삶을 모방하고 따라 하는 수준이 되어서는 안 된다. 그런 것들은 사실상 100년 전부터 자본주의 경제가 끝도 없이 토해놓은 광고에 의해서 만들어지거나 거기에서 파생된 이미지에 불과하다. 이 '좋은 삶'은 그렇게 막연하고 추상적이고 보편적인 것이 아니라 나 자신, 우리 가족, 우리 마을, 우리 나라 등과 같이 현실에 존재하면서 매일매일을 살아가는 구체적인 삶의 모습에 맞추어져 있는 것이어야만 한다.

따라서 나 개인, 우리 가정, 우리 마을, 우리 나라 등 좋은 삶을 추구하는 단위가 개인적·집단적으로 '어떤 좋은 삶인가'에 대해 확고한 내용을 공유하고 있어야 한다. 이를 위해서는 그 단위를 구성하는 사람(들)이 스스로의 능력, 삶의 비전, 도덕적 당위, 삶에서 이루고픈 욕망 등을 솔직히 있는 그대로 직시하고, '오로지 그것에만 기초하여' 스스로의 좋은 삶을 설계할 수 있는 지적·윤리적·성찰적 능력을 갖추어야만 한다. 해본 이라면 알겠지만 이는 결코 쉬운 일이 아니다. 사실 큰돈 버는 일보다 더 어려울 수 있다. 그렇기 때문에 많은 사람들이 이 첫 번째 단계에서 장벽에 걸려 살림살이 경제의 길을 포기하게 되는 듯하다. 하지만 결코 쉬운 길, 왕도王道 따위는 없다. 한 번에 답이 나올 리도 없으며, 살아가면서 또 나이가 들면서 이 '좋은 삶'의 이미지는 계속 변화한다. 그래도 이 첫 단추를 꿰지 않고서는 다음 단계로 나갈 수 없다. 하지만 '내가 진정으로 원하는 좋은 삶의 모습은 무엇인가'라는 질문을 평생 끌어안고 사는 것은 결코 헛된 고민으로 힘과 시간을 낭비하는 일이 아니다. 따지고 보면 이보다 삶에서 더 가치 있는 고민이 무엇이 있겠는가.

둘째, 그렇게 내가 확고하게 그려놓은 좋은 삶이 있다면, 그것을 성취하기 위해 무엇이 필요한가를 찾아내는 일이다. 이 필요한 것들의 목록도 결코 추상적이거나 모호해서는 안 된다. 아주 구체적이어야 한다. 뿐만 아니라 이를 대충 '몇(십) 억 정도'라는 식으로 화폐로 환산해서도 안 된다. 그러면 모든 이야기가 다시 돈벌이 경제학으로 되돌아간다. 그리고 '현물in kind'이어야 한다. 구체적으로 어

떤 유형의 사물, 또 어떤 무형의 것들인지를 세세히 이름으로 적을
수 있어야 한다.

셋째, 그 목록에 있는 필요한 것들을 어떻게 조달할지를 찾아내
야 한다. 이 또한 대충 '돈 얼마로 시장에서 사 온다'라는 식으로 해
결해서는 안 된다. 화폐와 시장은 오늘날 우리 삶에 필요한 것들을
조달하기 위해 없어서는 안 될, 사실상 가장 중요한 경로에 해당한
다. 한편 화폐와 시장의 방법에 제한되어서는 절대로 안 되는 중요
한 이유가 있다. 그렇게 할 경우 우리의 '좋은 삶'이라는 것도 시장
과 화폐에 그 상상력과 내용이 규정되어버리기 때문이다. 인간의 생
각과 정서 그리고 활동에 있어서 살림살이 경제학으로 포괄되고 포
착되는 범위는 돈벌이 경제학의 경우보다 훨씬 더 넓다. '좋은 배우
자'나 '좋은 교육' 같은 것들은 살림살이 경제학에서는 반드시 필요
한 것일 수 있지만 결코 시장에서 화폐로 구할 수 있는 것이 아니다.
그런 것들을 조달하기 위해서는 내가 우선 좋은 배우자가 되어야
하며, 또 부모와 학생과 교사가 세심히 의견을 주고받으며 협력하
는 관계를 구축해야만 한다. 이런 것들은 당연히 현물의 품목이며
그것을 조달하는 방법, 즉 몸소 좋은 배우자가 되는 길이나 주의 깊
은 부모나 학생이나 교사가 되는 방법도 스스로 익히고 연구해야만
한다. 그밖에 무수히 많은, '시장에서 사올 수 없는 것들'을 조달하
는 방법을 찾아서 실행하는 과정이 여기에 들어간다.

요약하자. 첫째, 나와 우리의 '좋은 삶'의 내용을 확고하게 구체적

으로 찾아낸다. 둘째, 그것을 달성하는 데 필요한 것들을 구체적인 목록으로 찾아낸다. 셋째, 그 목록의 것들을 조달할 수 있는 방법을 구체적으로 찾아낸다.


### '욕망의 포트폴리오'


이해하기에 어려운 내용일 리는 없다. 그리고 누구나 진지하게 노력만 한다면 분명 실행해볼 수 있는 일이다. 하지만 돈벌이 경제학과 '무한 소비/무한 욕망'의 경제적 사고방식에 찌들어 있는 우리로서는 엄두가 나지 않는다는 느낌도 들 것이다. 그러면서 이런 의문 혹은 반감이 생길 수 있다. '뭐 이렇게까지 해야 하는가? 그냥 적당히 대충 남들과 비슷하게 살면 되지 않을까?' 이렇게까지 해야 할 이유가 있다. 이러한 방식의 경제생활은 단순히 무한 소비와 그것이 초래하는 허무의 감정에서 벗어나기 위한 것일 뿐만 아니라, 내 욕망에 스스로 설정한 질서를 부여한다는 적극적인 삶의 방식이기 때문이다.

내 소비 활동이 나를 허무의 감정으로 몰고 가지 않도록 막는 것만이 능사가 아니다. 내가 더 많은 것을 욕망하면 할수록, 그리고 그 욕망을 충족하려고 열심히 뛰어다니며 더 땀을 흘릴수록 내 삶이 더욱 충만해지는 방식으로 경제활동을 조직하기 위해서는 나와 우리의 욕망에 일정한 질서를 부여해야만 한다. 그리고 그 질서의 궁극적인 귀착점은 나와 우리의 '좋은 삶'이어야만 한다. 이러한 질서 속에서 특정한 욕망에 대해 추구할 것인지 말 것인지, 추구한다면 그 정도와 방법이 어떠해야 하는지 등에 대해서 스스로 결정할 수 있기 때문이다. 이렇게 자신의 욕망에 일정한 질서를 부여하여 취사선택하고 그 크기를 결정하는 것을 욕망의 선택, 즉 '욕망의 포트폴리오'라고 부를 수 있을 것이다.

알렉산더 대왕의 경우를 생각해보겠다. 강대국의 왕자로 태어나 결국 거대한 제국을 구축해 절대 권력자가 된 그는 자신의 욕망을 어떻게 다스리고 질서를 부여했을까? 『플루타르코스 영웅전』에 나온 바를 살펴보면 그는 자신의 욕망에 대해 대단히 엄격했던 이였다. 그가 페르시아의 수도에 입성했을 때, 아름다운 궁녀들이 우르르 몰려나와 알렉산더에게 인사를 올린다. 혈기 방장한 청년의 나이였지만 그는 '페르시아 여인들은 너무 아름다워 눈만 아프게 하는구나'라는 알쏭달쏭한 이유로 소가 닭 보듯 하다가 그녀들을 모두 궁에서 내보낸다. 옆 나라의 여왕이 알렉산더에게 온갖 산해진미와 최고의 재주를 가진 요리사까지 종종 선물로 보내곤 했지만 그 또한 신하들에게 나누어 주고 요리사를 물리친다. 주변에서 이유를 묻자 이렇게 답한다. '나의 스승 레오니다스가 내게 가장 좋은 요리사를 붙여주었네. 밤새 군사 훈련을 하여 식욕을 돋우면 아침이 맛있지. 하지만 아침을 조금만 먹어두면 하루 종일 저녁밥을 기다리게 되니 그 또한 맛있게 먹게 되지.' 소문과 달리 술에 취하는 법이 없었고, 미소년을 즐겨보라는 말에는 불같이 화를 내기도 했다. 언뜻 보면 그냥 별난 금욕주의자로 보였을 것이다.

하지만 고대 그리스인의 욕망 절제의 다른 면은 '미덕'이었다. 그는 어렸을 때부터 '땅끝까지' 정복하여 세계를 통일하겠다는 꿈을 가지고 있었다. 현대인의 관점에서 보면 거슬리는 꿈이지만, 그에게는 경계선이 없는 세상을 만들고픈 나름의 이유와 이상이 있었다고 하니, 이것이 그의 '좋은 삶'이었던 셈이다. 그는 이후 자기의 꿈을 이루겠다고 에게해를 건너 인더스강을 넘어 인도까지 끝없이 진군하는 병영 생활을 계속한다. 그런데 만약 그가 보통의 왕과 귀족처럼 편안한 생활과 각종 쾌락에 빠졌다면 어땠을까? 그러한 미덕은 가능하지 않았을 것이다. 그는 우리가 앞에서 말한 절차를 그대로 따른 사람이었을 것이라고 나는 감히 추측한다. 자신의 '좋은 삶'이 무엇인지에 대해 아주 확고한 비전을 가지고 있었으며, 그것을 실현하는 데 필요한 수단을 조달해가면서 거기에 필요한 욕망은 남겨두거나 혹은 크게 키워나가고, 그렇지 않은 욕망은 크게 줄이거나 아예 없애버렸던 것으로 보이니까.

여기에서 이 장의 앞부분에서 말했던 '정신적 욕망'의 특징을 상기해보자. 정신에서 나오는 욕망은 클 수도 작을 수도, 전혀 없을 수도 또 무한할 수도 있다. 이는 태생적인 천성에서도 나오겠지만, 본인이 어떤 욕망을 선택하여 어떻게 자신을 길들이는가에 보다 크게 달려 있다. 처음에는 별로 끌리지 않는 종류의 것들도 스스로의 '좋은 삶'에 비추어 의미를 부여하고 몸과 마음을 쏟다보면 어느새 그것이 없이는 살 수 없는 절실한 욕망의 대상으로 바뀌게 된다. 반면 아무리 내 몸과 마음을 온통 지배할 정도로 절실한 욕망도 거꾸로 초연해지고 아예 잊어버릴 수 있다. 이를 '욕망의 포트폴리오'라고 부르고자 하는 것이다.

한 가지만 더. 이를 왜곡된 의미의 '금욕주의'와 혼동해서는 안 된다. 욕망을 억누르는 일은 고통스러운 일이며, 그것을 추구할 수 없는 삶은 불행한 삶이다. 욕망의 포트폴리오는 그런 삶이 아니다. 자신의 욕망에 스스로 질서를 부여하여 자신의 영혼에 꼭 맞도록 재단해놓은 옷이다. 이런 옷을 입고 있는 사람은 부족함이 없이 행복하다. 공자의 제자 안회顔回가 한 그릇의 밥과 표주박의 물로 행복해할 줄 알았다는 말씀이 뜻하는 바다. 나는 알렉산더도 안회도 금욕주의자가 아니었다고 생각한다. 가장 세련된, 가장 게걸스런 쾌락주의자였다고 말하는 것이 옳다고 생각한다.

4 —————— **부엔 비비르**

　　이제 앞에서 미뤄놓았던 질문을 다룰 때가 되었다. 지금까지 우리는 '좋은 삶'에 맞도록 자신의 욕망에 질서를 부여하는 법에 대해 생각해보았다. 하지만 이러한 형식적 방법을 넘어서, 그 내용이 되는 '좋은 삶' 자체에 대한 이야기다. 앞에서 말했듯이 이는 사람마다 집단마다, 그 구체적 삶의 객관적이고 내면적인 조건에 따라 달라지게 되어 있으므로 누가 정해줄 수 있는 것은 아니다. 하지만 그렇다고 해서 각자가 알아서 찾아보라고 말하는 것도 무책임한 일이다. 모든 개인과 집단이 스스로의 질서를 찾을 수 있는 '자율autonomy'을 열어놓으면서도 그것이 너무 엉뚱한 방향으로 가지 않도록 생각해보아야 할 문제 두 가지만 이야기해보도록 하겠다.

## 욕망에는 위계가 있다

현대 경제학의 밑바탕을 이루는 철학적·심리학적 기초 가운데 하나는 제러미 벤덤의 공리주의 철학<sup>utilitarianism</sup>이며, 특히 벤덤이 말하는 바 '욕망의 무차별성'이라는 명제는 경제학에서 하나의 공리가 되어 있다. 벤덤의 말대로, '시詩나 압핀이나 인간에게 쾌락과 효용을 가져다준다는 점에서 아무 차이가 없다. 그 효용의 크기가 다를 뿐'이다(이 '압핀'은 잘못된 인용이라고 하지만 이 구절대로 너무 유명해져서 그대로 쓰도록 한다). 이렇게 인간이 지닌 모든 욕망을 정신적인 것 물질적인 것, 고상한 것 천한 것 할 것 없이 모두 '쾌락<sup>pleasure</sup>'이라는 동질적인 어떤 것으로 환원하는 것이 그의 유명한 '행복의 미적분학'의 기초가 된다. 이는 고스란히 오늘날의 경제학으로 옮아와 거의 모든 공공 정책의 입안과 평가에도 쓰인다.

이러한 철학이 통속화된 사람들의 경제 관념으로 옮아오면, '모든 욕망은 동질적이며 그 충족의 양이 중요할 뿐'이라는 생각으로 바뀌게 된다. 셰익스피어를 읽는 욕망이나 저질 도색 소설을 읽는 욕망이나 본질적으로 아무런 차이가 없다는 것이다. '나의 욕망은 내가 제일 잘 안다.' 그러니 어떤 욕망이든 충족할 수만 있다면, 법을 어기지 않는 한도 내에서라면 마땅히 상품이 개발되어야 하고 소비가 장려되어야 한다. 그리하여 거래가 이루어지면 GDP가 증가하게 되고, 사회 전체의 후생도 더 늘어나게 된다 등등. 이것이 바로 오늘날 우리에게 허무의 삶을 무한 반복하게 만드는 '소비주의 사회'의 기본 신조라고 할 수 있다.

당연한 이야기지만, 이는 틀렸다. 욕망에는 뚜렷한 위계가 있다. 벤덤의 명제를 취해 공공 정책과 개인의 삶을 계획하고 입안해야 할 때도 물론 있지만, 이는 어디까지나 특수한 경우 특수한 목적을 전제로 했을 뿐 이것을 인간 삶의 기본 진리라고 말하는 것은 명확히 틀린 이야기다. 오스트리아 학파의 창시자인 경제사상가 카를 멩거는 불후의 명저 『경제학 원리』가 출간된 1871년 이후, 무려 50년에 가까운 숙고와 노력을 기울여 그 책의 2판을 준비한다. 그가 세상을 떠난 뒤인 1923년에 출간된 『경제학 원리』 2판에서 그는 인간의 욕망에 대한 고찰, 특히 여러 욕망의 '위계 서열'에 대한 이야기로 책을 시작한다. 당연히도, 인간 존재에 있어서 호흡에 대한 욕구보다 절실한 것은 없다. 그 뒤로 물을 마시고픈 욕구, 배를 채우고 싶은 욕구, 그 밖의 여러 욕구들이 서열을 이루며 나오게 된다. 이 너무나도 자명한 욕구의 서열을 부인하고 욕망 추구의 행동을 조직한다면 황당하고 허무한 결과를 낳고 말 것은 너무나 당연하다.

잘 알려진 에이브러햄 매슬로Abraham Maslow의 연구 또한 인간 욕망의 명백한 서열을 다섯 개로 나누어 맨 아래에서 위까지 하나의 피라미드 형태로 나열한다. 첫 번째 수준의 욕구는 식량, 물, 주거, 휴식, 운동, 성행위 등 생리적 필요욕구이며, 두 번째 수준의 욕구는 안전과 안심에 대한 필요욕구이다. 이 두 가지는 너무나 당연히 우리 존재의 기본 조건이 된다. 그 위에 성립하는 세 번째 수준의 욕구는 귀속감과 사랑의 필요욕구이며, 네 번째 수준의 욕구는 다른 이들로부터 감사, 인정, 높은 평가를 받고 싶은 필요욕구이다. 이러한 욕구들이 첫 번째, 두 번째 수준의 욕구만큼 물리적인 목숨을 좌우하는 것은 아닐지 모르지만, 실제 삶의 절실함에 있어서 떨어지는 것이라고 생각하지 않는다. 이런 욕구들이 좌절되어 마음과 몸에 병이 들어 고통을 받고 있는 사람들을 우리는 너무나 많이 보고 또 알고 있기 때문이다. 마지막 다섯 번째 수준의 욕망은 아름다움 그 자체, 지식 그 자체, 선함 그 자체를 경험하고 이해하며 달성하고자 하는 필요욕구이다. 이 또한 마찬가지다. 나는 이 꼭대기 수준의 욕망을 충족하기 위해 그 아래 네 개 수준의 욕망을, 심지어 첫 번째와 두 번째 수준의 욕망까지도 일정하게 포기하는 사람들을 많이 알고 있다. 이런 사람들이 숨 쉬고 살아 있다는 사실 자체가 매슬로가 말하는 이 다섯 수준의 욕망 모두가 우리의 '좋은 삶'에 필수불가결한 요소들이라는 사실을 웅변적으로 보여주는 증거이다.

존 메이너드 케인스의 에세이 〈내 젊은 시절의 믿음My Early Beliefs〉에 보면 케임브리지대학교 학생 시절 그에게 절대적인 영향을 미쳤던 철학자 무어G. E. Moore가 인간의 '좋은 삶'이 추구해야 할 궁극의 '최고선'에 대해 내놓았던 가치들이 나온다. 사랑, 우정, 아름다움,

조화, 진리, 지식. 케인스는 우리의 삶이 지향해야 할, 나아가 개인이 그렇게 할 수 있도록 사회 전체가 합의하고 받들어야 할 궁극의 가치가 이런 것들임을 믿어 의심치 않았다. 이는 그가 죽을 때까지 견지했던 경제철학의 기초가 되었으며, 벤덤식의 공리주의 경제학을 혐오하는 근거였으며, 그의 주저 『고용, 이자 및 화폐의 일반이론The General Theory of Employment, Interest and Money』에서 경제학과 (집단적) 윤리학을 다시 통합하려고 했던 시도의 원천이기도 했다. 개인도 사회 전체도 이러한 최고선의 가치들을 최대한 향유할 수 있도록 만드는 것이 경제정책의 흔들리지 않는 원칙이라는 것이다. 그리고 이러한 가치들이 있어야 할 자리에 무한한 '화폐의 욕망'이 들어앉은 금융 자본주의를 그가 혐오했던 이유이기도 했다.

　나는 모든 사람들이 무어나 케인스만큼, 또 내가 알고 있는 이들만큼 이 다섯 번째의 욕망에 집중적으로 몰두하는 세상은 꿈꾸지 않는다. 별로 현실성도 없을 것 같고, 또 그런 세상에 별로 살고 싶지도 않다. (사람만 만나면 셰익스피어나 상대성 이론 같은 이야기로 하루가 간다고 생각해보라!) 하지만 반대로 모든 이들이 지금의 무한 소비 사회에서처럼 이 다섯 번째의 욕망을 거의 추구하지 않고, 또 심지어 추구하려고 했다가 핀잔과 모멸이나 당하는 세상은 더욱 끔찍하고 비현실적, 아니 초현실적인 세상이라고 생각한다. 인간인 우리의 몸과 마음에 너무나 당연하게 태어날 때부터 내장되어 있는 이 위쪽의 욕구가 충족되지 않는다면, 칼 폴라니의 표현처럼 '호흡 중추 위의 모든 세포는 마비될 것이며 두뇌 피질은 괴사'하게 될 것이기 때문이다. 이런 욕망은 허무하지 않다. 그것을 추구하는 활동도 허무를 낳지 않는다. 설령 죽을 때까지 기를 써도 충족하고픈 바의 100분의 1에도 미치지 못한다고 해도, 그래서 일생을 항상 허기가 진 상태로 산다고 해도 허무하지 않다. '마음이 가난한 자에게는 복이 있기' 때문이다.

개인과 집단이 무엇을 최고선으로 삼아 '좋은 삶'을 구성할지는 각자에게 달린 일이다. 하지만 그 포트폴리오에 이 다섯 가지의 욕망이 고르게 들어가 있어야 한다. 그리고 그 욕망에는 위계가 있다. 사랑, 우정, 아름다움, 조화, 진리, 지식이 우리의 의생활과 식생활과 성생활 등등을 이끌어야지 그 반대가 된다는 것은 결코 '좋은 삶'일 수 없다.

## 나와 이웃과 사회와 자연이 조화를 이루는 삶

'부엔 비비르buen vivir'라는 말이 있다. 중남미 지역에 사는 여러 원주민 집단이 가지고 있는 '좋은 삶'을 부르는 말이다. 원주민 단어는 '수막 카우사이sumak kawsay' 말고도 여러 다른 말과 발음이 있어서, 비슷한 생각들을 총칭하기 위해 중남미에 널리 쓰이는 스페인어로 부엔 비비르라고 부른다.

출처 :
https://www.westernsydney.edu.au/newscentre/news_centre/story_archive/2015/buen_vivir_south_ameri-
cas_rethinking_of_the_future_we_want

'이 길의 끝에는 무엇이 기다리고 있을까?'라는 질문에 '피로'라고 답하는 피로회복제 광고를 보았다. 나는 그 대답을 '길은 아직 끝나지 않았다'라는 말로 들었다. 정말로 더 이상 갈 필요가 없어서 길 자체가 끊어진 곳에는 무엇이 기다리고 있을까? 혹은 그런 곳은 영원히 없는 것일까? 고대 이집트 고왕국 말기의 문헌에서도 사무엘 베케트Samuel Beckett의 희곡에서도 똑같이 나오는 오래된 질문이다.

어쩌면 그냥 그렇게 계속 자기 길을 가는 것이 인간도 원숭이도 돌멩이도 냇물도 똑같이 공유하는 운명일지도 모른다. 그렇다면 각자의 길을 가도록 하자. 모두 자기 생긴 대로 자기에게 주어진 길을 따라가자. 그리고 아무도 다른 아무의 길을 방해하지 않도록 하자.

하지만 이왕 가야 하는 길, 즐겁고 신나게 가자. 힘들 때 돕고, 필요할 때 서로 돌보고, 햇빛이 좋고 바람이 시원할 때는 함께 춤도 추면서 가자. 사람은 사람대로, 인간 사회는 사회대로, 자연은 자연대로, 모두가 자기 길을 즐겁게 가고 있는 상태, 부엔 비비르buen vivir. 어쩌면 '길 끝의 낙원' 따위는 없는지도 모른다. 그렇게 모두 자기 길을 즐겁게 가고 있는 부엔 비비르가 우리의 낙원인지도 모른다.

이 여러 다른 원주민 언어의 말에 담겨 있는 뜻은 '조화로운 삶'이 중심을 이루고 있다. 이는 우리의 유교 문화에서 흔히 강요되기 십상인 순종을 뜻하는 말은 아니다. 사람, 다른 사람, 마을, 마을을 둘러싼 자연환경이 모두 하나의 조화를 이루고 있는 상태를 뜻한다. 어느 것 하나도 다른 것을 압도하거나 윽박지르는 상황이 아니다. 왜냐하면 이 모든 것들은 나와 모두의 좋은 삶에 서로가 서로를 필요로 하기 때문이다.

그들의 이러한 사고방식은 고대 그리스에서 내려오는 '좋은 삶'이라는 뜻과도 사뭇 다른 뉘앙스와 방향을 가지고 있다. '조화'란 어떤 상태일까? 이 말을 만들어낸 이들과 만나본 적은 없지만, 읽고 들은 바로 미루어 짐작한 내 생각을 말해보면 이렇다. 이 땅 위의 모든 것들은 다 그것이 만들어진 이유와 지금 여기에 존재하는 이유가 있다. 그리고 그 각각의 이유에 따라 십분 백분 잘 채웠을 때 사라져서 또 어디론가 가게 된다. 조화로운 상태는 나, 사람들, 사회, 자연이 모두 각자가 만들어진 이유대로 가야 할 길을 잘 가고 있는 상태라고 할 수 있다. 그 길에서 서로 돕고 존중하고 사랑하라고 지금 여기에 함께 모여 있는 것이다. 따라서 부엔 비비르는 나뿐만이 아니라 내 주변의 모든 존재가 각자 가야 할 길을 잘 갈 수 있도록 존중하고 도우면서 함께 웃고 사랑하는 삶이라고 나는 받아들였다.

'부엔 비비르'라는 말도 서구를 거쳐 알려져 이곳저곳에서 여러 이야기가 나오기 시작한 지 벌써 꽤 되었다. 말을 만들기 좋아하는 일부 학자들은 여기에 또 거창한 의미를 씌우고 변증법이네, 국가/사회의 관계네 하면서 루쉰鲁迅 선생 말마따나 '남의 불을 가져다가 자기 고기를 굽는' 데 쓰는 경우도 많은 것 같다. 하지만 이런 여러 논의에 너무 흔들릴 필요는 없다. 적어도 방금 내가 받아들인 의미를 설명한 바는 누구나 쉽게 이해할 수 있고, 또 매일매일의 상황에서 늘상 만나는 문제다. 적어도 내가 이해한 바라면, 나는 우리의 '좋은 삶'을 이루는 '최고선'이 지향해야 할 하나의 나침반으로서 이 '부엔 비비르', 나와 내 주변의 모든 사람과 모든 것들이 각자 가야 할 길을 갈 수 있도록 돕고 존중하고 사랑하는 삶의 모습이라고 말할 수 있다. 최고선과 좋은 삶은 막연하지 않다. 구체적인 자신(들)의 상황에 비추어 그 내용을 짜내고 마련하는 것은 물론, 지난한 일이겠지만 그 방향성이 어디로 가야 하는지는 분명하다고 생각한다. 나도, 너도, 우리도, 모두 각자 자기 갈 길을 갈 수 있도록 서로 돕는 삶이다.

중남미 원주민과 20세기 영국 케임브리지대학교의 지식인들은 몇천 년 넘게 대서양을 두고 갈라져서 서로 전혀 다른 방식으로 살아왔지만, '좋은 삶'에 대해 고민했던 결론은 이토록 닮아 있다. 이 원주민 집단의 지혜로운 어르신과 케임브리지대학교의 철학자 무어가 만나서 자유롭게 이야기할 수 있었다면 아마 서로를 이해하는 데 별 어려움이 없었을 것이다. 인류는 계속 진화하고 변해가고 있으므로, 이러한 최고선의 이상이 앞으로도 그대로 유의미할지에 대해서는 말할 수 없겠다. 하지만 나는 이러한 삶은 절대로 허무를 낳는 삶은 아니라고 확신한다. 내가 가난해지는 삶도 아니라고 확신한다. 그리고 마블Marvel 만화 캐릭터를 넘어서 더욱 기괴하고 두려운 '경제적 인간'보다는, 살아서 울고 웃으며 꿈꾸고 사랑하는 우리 삶의 밑바닥에 깔려 있는 이들의 마음을 훨씬 정확하게 집어내고 있다고 확신한다.

위기 이후의 경제철학

4부

# 활동

'불안'은 공포와 다르다. 공포는 분명한 대상이 있다. 호랑이일 수도 있고, 직장 상사일 수도 있고, 칼을 든 원수일 수도 있지만 그 대상은 분명하다. 그렇기 때문에 우리가 공포에 사로잡혔다 해도 무기력으로 이어지지는 않는다. 물론 대상이 내 힘으로 도저히 대적할 수 없는 너무나 강한 상대일 때는 일순간 무기력 상태에 빠진다. 하지만 인간은 무기력하려고 태어나고 살아가지 않는다. 힘에 부치고 엄두가 나지 않는다고 해도, 시간이 조금 지나면 사람은 무슨 수든 찾아내고 거기에 힘을 모으게 되어 있다. 그래서 공포는 더욱 사람을 부지런하고 바쁘게 만드는 힘으로 작용한다. 심지어 죽음에 대한 공포마저도, 내가 죽은 뒤의 세상을 주재하는 절대자 신에 대한 공포마저도, 인간은 종교를 만드는 방식으로 대처해왔다. 그래서 자신이 믿는 종교가 가르쳐주는 일종의 매뉴얼인 여러 의례儀禮와 상상으로 거기에 대처한다.

하지만 불안은 다른 감정이다. 공포와 비슷하지만 뚜렷한 대상이 없다. 무엇이 나를 위협하고 불편하게 만드는지도 알 길이 없다. 어떤 철학자는 그래서 불안을 '무에 대한 공포fear of nothingness'라는 말로 표현하기도 했다. 어떤 대상은커녕 텅 빈, 아니 텅 비었다고도 표현할 수 없는 도무지 알 수 없는 무언가가 '나'라는 존재를 조만간 파괴할지 모른다는 감정이라는 것이다. 이러한 불안은 공포와 다르게 사람을 한없는 무기력으로 몰아넣는다. 무엇이 나를 위협하는지 알아야 저축을 하든 무술을 배우든 교회나 절을 다니든 거기에 대응하는 방법으로 대처할 것 아닌가. 그게 무엇인지 모르는 상태에서는 어떻게 해야 할지 그야말로 어처구니가 없다. 그래서 사람은 멍한 상태의 무기력으로 빠져든다.

그리고 불안은 금세 죄의식으로 발전한다. 나를 괴롭히는 대상이 보이지 않는다면 이 모든 고통은 결국 나의 행동에서, 혹은 제대로 행동하지 않음에서 비롯된 것이 아니겠는가. 그래서 불안에 사로잡힌 이들은 자신의 생각과 행동에서 흠결과 잘못을 찾아보려고 자기의 몸과 마음을 갉아먹기도 한다. 그다음에는 강박으로 변화한다. 내가 이런 생각과 행동을 한 결과 불안이라는 고통을 겪고 있으니 그런 생각과 행동은 결코 해서는 안 되며, 반드시 그렇지 않은 생각과 행동을 밥 먹듯이 염주 돌리듯이 해야 한다는 행태로 나아간다.

이런 행태가 마음의 위로가 될지는 잘 모르겠다. 하지만 분명한 것은 그 과정에서 우리가 삶의 소중한 시간과 기회를 우중충한 고통과 고행으로 날려먹게 된다는 점이다. '삶은 우리가 매 순간 놓치고 있는 무한한 기회이다.' 우리를 더 넓은 삶의 지평으로 나아가게 해주고, 거기에서 그 전에는 생각하지도 상상하지도 못했던 방향으로 우리의 잠재된 욕구와 능력을 개발하면서 새로운 지평으로 나아가게 해주는 것이 우리의 삶이라면 어떨까? 태어나서 자라고 늙어가고 죽을 때까지 한순간도 쉬지 않고 나의 잠재된 욕구와 잠재된 능력을 발견하고 피워나가면서 더 많은 삶을 향유하고 확장해가다가, 죽을 때에는 그저 '태어나기 참 잘했다'라고 생각할 수 있다면 어떨까? 그래서 인생은 저주이고 원죄이고 고해이기는커녕, 흐르지도 않는 시간 속에서 영생이라는 저주로 신음하는 올림푸스의 신들이 질투해 마지않는, 오로지 언젠가 죽게 되어 있는 필멸必滅의 인간만이 누릴 수 있는 복락福樂이라면 어떨까?

인류의 의식이 깨어난 이후 몇천 년 몇만 년을 고민해온 이 문제에 답할 능력은 전혀 없다. 하지만 현재의 산업문명에서 우리가 행하고 있는 경제활동이 우리로 하여금 후자가 아니라 전자의 감정으로 몰고가도록 되어 있다는 점, 즉 경제생활을 열심히 하면 할수록 삶의 충만과 기쁨이 생기기보다는 불안이 점점 커지는 방식으로 조직되어 있다는 점은 이야기해야겠다. 그리고 이러한 방식을 뒤집어서 경제활동이라는 것이 우리에게 '피어나는 삶'을 가져오는 가장 효과적인 길이 되도록 할 방법에 대해 이야기해야겠다.

# 1 ——— 경제적 인간의 운명은 '불안'이다

　　불안은 따뜻한 지구의 공기 안에서 알로 태어나 서서히 깨어나지 못하고 어머니의 자궁에서 온전한 몸을 갖추어 바로 땅으로 떨어져야 하는 포유류, 특히 인간의 운명일지도 모른다는 논의는 철학자와 종교인에게 맡겨두기로 한다. 21세기의 우리가 앓고 있는 불안이라는 증상의 가장 큰 원인은, 우리를 매일 매 순간 '경제적 인간'에 맞추어 행동하라고 죄어치는 지금의 경제생활의 틀에 있다. 문제는 경제적 인간이다.

경제적 인간의 활동은 정보 및 지식의 취합 그리고 그에 기반한 합리적 계산이다. 이를 모두 묶어서 '선택'이라고 부를 수 있을 것이다. 경제적 인간은 먼저 자신의 욕망과 자기이익이 무엇인지를 확고하게 알고 있는 존재로 가정되어 있다. 따라서 그러한 인간이 해야 할 활동은 다른 것이 없다. 그러한 욕망과 자기이익을 최대한으로 충족시키기 위해 필요한 정보와 지식을 '완벽'에 가깝도록 모으고 또 모아 이해하고 소화하여 하나의 계산 가능한 모델로까지 발전시키는 것이다. 그다음에는 그 모델에 입각하여 주변의 만사만물은 물론이고 자신의 능력과 존재 자체까지 모두 계산 가능한 수치로 바꾼다. 그다음에는 계산을 행한다. 거기에서 극대값과 극소값을 찾아내 달성 가능한 최고의 선택, 즉 '최적화<sup>optimization</sup>'를 이룬다.

다시 말해서 우리의 활동은 그 자체가 목적이 아니라 철저하게 욕망 충족의 수단으로만 다루어진다. 일단은 우리가 가진 팔과 다리, 심장과 허파, 근육과 마음은 여기에서 고려 대상도 또 동원 대상도 아니다. 먼저 해야 할 활동은 오로지 두뇌의 (신)피질만을 동원하여 이루어지는 정보 및 지식 취합 그리고 계산 활동이며, 그 결과로 '선택'이 이루어진다. 꼼짝도 않으면서 끊임없이 말만 토해놓는 이들을 '떠들어대는 머리통<sup>talking head</sup>'이라고 부르는 영어 표현이 있다. 이러한 경제적 인간은 겨울잠 자는 개구리마냥 머리와 눈만 굴려서 정보 수집과 계산만 행하는 '계산해대는 머리통calculating head'이라고 할 수 있다. 근육이라고는 마지막에 단추를 누르는, 혹은 카드를 긋는 손가락 몇 개의 근육만 있으면 된다.

이게 컴퓨터라면, 베블런이 말하는 '번개 같은 계산기'라면 불안이라는 감정이 발생하지는 않는다. 컴퓨터와 계산기는 전기 신호의 묶음일 뿐이니까. 하지만 사람은 여기에서 불안을 느끼게 된다. 우선 이 다양하고 다면적인 세상 전체와 또 그 이상으로 다양하고 다면적인 존재인 자신의 다른 면들을 모조리 사상해버리고, 오로지 자신이 목표한 욕망에 부합되는 측면만을 '형식적 합리성'에 맞추어 숫자로 바꾸어 처리하는 일을 해야 하기 때문이다. 정상적인 인간이라면, 피와 뼈와 근육과 심장을 가진 인간이라면 일단 스트레스를 받게 되어 있다. 하지만 그까짓 영혼이나 정신 따위는 눌러놓도록 훈련할 수 있으니까 이건 큰 문제가 되지 않을 수 있다. 크나큰 재난이나 사고를 보면서도 눈물을 흘리기 전에 '이게 주식 시장에 어떤 영향을 줄까?'부터 생각하는 버릇만 기르면 이런 정도의 불안은 극복이 가능하다.

정작 큰 불안을 낳는 원인은 따로 있다. '나의 선택은 완벽한 것일까?'라는 불안이다. 예전에 어느 드라마에 나오는 완벽해 보이는 미남 재벌 아들 주인공이 입버릇처럼 말하던 '이게 최선이야?'라는 대사가 있었다. 경제적 인간에 최대한 수렴하려고 기를 쓰는 이라면, 이 짧은 무서운 말이 뇌리를 떠나지 않을 것이다. 지금 하는 선택은 최선일까? 정보와 지식을 충분히 모아서 정확히 맞는 계산을 한 결과일까? 밤이 늦어도 스마트폰 검색을 쉴 수가 없고, 술자리에서도 이야기는 부동산과 주식으로 귀결된다.

원래 인류는 이렇게 살도록 진화하지 않았다. 진화심리학자들에 따르면, 실제의 삶을 살아가는 사람들의 머릿속 알고리즘은 '어림잡아 최선을 택하는 사고방식take-the-best heuristics'에 맞추어져 있다고 한다. 쉬운 예를 들어보자. 점심을 먹으러 식당가에 갔더니 바로 옆에 중국 음식점 두 개가 나란히 붙어 있다고 하자. 어느 쪽으로 들어갈 것인가? 위생, 맛, 영양, 가격 등을 두고 비교해 어느 쪽이 우월한지를 경제적 인간과 마찬가지로 각고의 노력으로 조사하고 계산하여 선택할 것인가? 점심시간은 한 시간이고 커피도 마셔야 하는데 그게 무슨 어리석은 짓인가? 이때 '어림잡아 최선을 택하는 사고방식'이 발동한다. 예를 들어, '무조건 사람이 북적거리는 음식점이 더 좋은 곳이더라'는 식으로 0.1초 만에 결정하여 들어가는 식이다. 물론 말도 안 된다. 사람이 북적거린다고 해서 좋은 음식점이라는 것은 경제적 인간의 관점에서 보면 전혀 합리적이지 않다. 하지만 인간은 그렇게 선택하고 행동한다. 순록과 매머드를 사냥할 때, 바다를 건너 정착지를 선택할 때, 신랑감 신붓감을 선택할 때 이렇게 하지 않았더라면 인간이 지금까지 살아남았을 리 없다.

이렇게 살아야 한다는 말은 아니다. 모든 것이 수치화되어 있고 복잡하게 짜여진 현대사회에서 정보 지식을 취합하고 합리적 계산을 해야 할 때가 분명히 많으며, 그때마다 이런 어림짐작의 방법으로 대처할 수는 없다. 하지만 분명한 것은 그런 '어림짐작' 방식의 생각과 행동은 불안을 낳지는 않는다. 그렇게 해서 들어간 중국 음식점의 짬뽕이 푹 퍼진 면에 조미료투성이 국물로 실망을 시킨다고 해도, 그것을 그냥 운명으로 받아들이고 끝낼 뿐이다. 그냥 일진이 사납다거나, 아주 거창하게 말하면 신의 뜻이려니 하고 끝낼 뿐이다. 하지만 경제적 인간은 모든 결과를 최선으로 만들어야 한다는 무한 책임을 진 존재이므로, 일진이나 신의 뜻 따위를 탓할 수도 없다. 더 알아보고 더 계산해서 끊임없이 최적화의 선택으로 다가가야 한다. 해가 지고 달이 져도 잠이 올 턱이 없다. 인터넷과 스마트폰에 매달려 잠을 설칠 수밖에.

### '경제적 인간'의 활동 2 : 고역스런 노동

어찌되었든 그 최적화의 선택을 이루었다고 하자. 그다음에는 지금까지 쉬고 있던 팔과 다리와 심장 및 각종 내장이 일을 할 때다. 즉 그 선택에 맞는 결과를 내기 위해 몸을 움직이는 것이다.

아담과 이브가 그저 신의 사랑을 듬뿍 받으며 온종일 노닥거릴 수 있는 에덴동산 따위는 없었다. 인간은 태초부터, 아니 인간으로 진화하기 이전부터 끊임없이 일을 해야만 먹고살 수 있는 존재였다. 하지만 이 당연한 인간의 활동, 즉 '팔다리 움직이기'에 대해 인간 스스로가 바라보는 관점과 방식은 극과 극을 달린다. 고대 그리스인은 최소한 네 가지의 활동을 나누었다. '테오리아$^{teoria}$'는 가만히 앉아서 세상을 관조하는 정신 활동, 즉 철학과 같은 활동이다. '프락시스$^{praxis}$'는 활동 그 자체를 목표로 하여 몸을 움직이는 활동이다. 즐기려고 하는 스포츠 활동, 나아가 몸소 공동체의 미래를 만들어가는 정치 활동 같은 것들이 여기에 들어간다. 여기까지는 여가와 교양을 갖춘 귀족들이 하는 활동이다. 그다음에는 '포이에시스$^{poiesis}$'가 있다. 도자기나 구두와 같은 결과물을 만들어내는 활동으로, 결과물이 훌륭한 것과는 별도로 그 활동 과정은 오로지 더 좋은 결과물을 내기 위해 몸과 마음을 복속시켜야 하는 '개고생'일 수밖에 없으니, 이를 맡은 도기장이나 구두장이는 좀 더 천한 존재로 여겨졌다. 그 아래도 있다. 갤리선에서 노를 젓다가 혹은 위험한 광산에서 광물을 캐다가 겨우 몇 년 만에 몸이 박살이 나서 죽어버리는 노예들의 활동인 '포노스$^{ponos}$'이다.

그리스인의 분류에 따르자면, 경제적 인간의 몸 쓰기는 이 포노스, 기껏해야 포이에시스가 될 수밖에 없다. 어떤 활동을 왜 어떤 식으로 수행할 것인지는 이미 합리적 계산에 따른 선택에서 끝이 났다. 남은 것은 그 정해진 결과를 내기 위해 정해진 청사진과 계획표에 따라 움직이는 것뿐이기 때문이다. 따라서 웬만하면 남이 해주면 좋을, 본인 스스로가 하기는 싫은, 즉 육즙 다 빠진 고기를 씹어

소화 가능하게 만드는 턱 근육 운동 같은 것으로 여겨진다. 이는 근대 및 현대 경제학의 노동 개념에 반영되어 있다. 토머스 맬서스나 데이비드 리카도와 같은 고전파 경제학자들은 노동을 사실상 '고역 toil'의 개념으로 접근했으며, 지금도 경제학에서는 노동을 여가와 대립 관계로 설명한다. 즉 사람은 누구나 놀고 싶어하므로 여가가 절대선이지만, 어쩔 수 없이 소득을 위해 그러한 행복을 포기하는 것으로 바라본다. 그리고 임금 등의 소득은 그러한 행복 포기에 대한 '보상금'으로 이해된다.

본래 인간의 실천 활동은 불안감을 날려버릴 수 있는 최고의 방법이었다. 신의 뜻을 둘러대든, 그 밖의 무슨 이유로든 사람들은 일단 선택을 내린다. 그게 '최선'이라는 확신은 당연히 없다. 따라서 이들은 그러한 선택이 최선의 결과를 내는 과정으로서 자신들의 구체적 활동을 바라보았다. 대장군이 포위전을 펼치는 대신 넓은 들판에서 결전하는 쪽을 일단 선택했다면, 장병들은 이를 받아들이고 나머지는 자신들의 몸과 칼과 방패로 부딪히고자 했다. 어르신들이 말해준 길로 배를 몰아 갔지만 뜻밖의 암초나 해류를 만나면 뱃사람들은 용기와 힘과 지혜로 그 난관을 뚫고자 목숨을 걸었다. 그렇게 해서 천신만고 끝에 살아남으면 자신들의 활동으로 불안하기 짝이 없는 운명을 극복했다고 기뻐했다. 하지만 이 '고역'의 활동은 불안을 덜어내는 기능을 전혀 하지 못한다. 그저 짜증나고 피곤하고 고통스러운 시간일 뿐이다.

'노동'을 뜻하는 프랑스어 '트라바유travail'는 이렇게 고역 이외에 아무것도 아닌 것이 되어버린 우리의 경제적 (실행) 활동의 이미지를 잘 담아내고 있다. 이 말은 밧줄로 묶어놓은 죄수의 몸에 찔러넣는 세 개의 막대기라는 뜻인 '트리팔리움tripālium'에서 나왔다. 우리식으로 말하자면 '주리를 트는' 고통을 뜻한다. 어떻게 해서든 피하고 도망가서 여가와 바꾸고 싶어하는 게 노동이라는 경제학의 관점이 이해가 간다.

## 내가 나를 지배하는 테일러주의

20세기 이후 기업 등의 생산 조직뿐만 아니라 사회 전체의 위계 체제에까지 엄청난 영향을 준 '테일러주의taylorism'라는 개념이 있다. 한마디로 말하자면, '착상conception'과 '실행execution'을 철저히 분리하여 다른 이들에게 맡긴다는 생각이다. 이러한 틀이 나와 현대 산업 문명의 지배적 패러다임이 된 것은 우연이라고 보기 힘들다. 앞에서 이야기한 경제적 인간의 활동에서 필연적으로 도출되는 상상력이기 때문이다.

프레드릭 윈슬로 테일러Frederick Winslow Taylor는 부유하고 학식 있는 집안에서 태어난 총명한 이였는데, 하버드대학교를 중퇴한 뒤 좀 엉뚱하게도 생산 현장에서 중간관리자로 일하게 된다. 그가 담당했던 공정은 노동자들에게 무거운 철근을 최대한 많이 그리고 빨리 선적하게 하는 일이었다. 테일러는 자신의 명민한 관찰 능력과 계산 능력을 발휘해 노동자들이 행하고 있는 육체노동의 모습을 면밀히 조사하고 시간까지 재본다. 그의 결론은, 만약 자신이 완전히 새롭게 설계한 방식으로 노동자들이 모든 육체 동작을 기계처럼 행한다면 지금의 작업 속도와 능률을 몇 배는 더 올릴 수 있다는 것이었다. 하지만 험하고 힘든 일에 이골이 난 노동자들의 눈에 이 젖비린내 풀풀 나는 풋내기 대학생의 말이 씨가 먹힐 리 없었다. 그러자 테일러는 작전을 바꾼다. 그가 찾아낸 한 노동자는 네덜란드 출신의 이민자로 영어는 서툴렀지만 체력과 지구력 하나는 특히 발군인 데다가 돈만 더 준다면 무슨 일이든지 따를 만큼 말을 잘 듣고 단순한 이였다. 그는 그 네덜란드 출신 노동자에게 임금을 두 배로 올려주기로 하고서 자신이 설계한 동작을 그대로 따라 일하도록 시킨다.

이 실험 결과가 과연 테일러의 구상대로 폭발적인 능률 향상을 가져왔는지는 정확히 알려져 있지 않다. 하지만 테일러주의는 이후 기업 조직에서 경영진과(그리고 그들을 보조하는 '예비 경영자'인 화이트칼라) 육체노동자인 블루칼라의 철저한 이원화로 이론화되어 기업 경영의 지배적 패러다임으로 자리 잡는다. 기업만이 아니었다. 1950년대 이후에는 심지어 교육, 의료, 사회 서비스 등 사회 전체의 실행 과정을 '전문가 및 간부executive, cadre'와 그들의 명령과 그들이 정해놓은 교범에 따라 팔다리를 움직이는 '일반 직원rank-and-file'으로 이원화하여 운영하는 것이 하나의 규범처럼 굳어진다. 이렇게 사회 전체가 테일러주의의 디스토피아인 '관료제 자본주의'로 바뀌어가는 것에 대한 반항이 1968년을 전후한 신좌파 저항의 근간이었다는 것은 주지의 사실이다.

그런데 기업이나 사회 같은 큰 조직만이 아니다. 경제적 인간도 스스로의 존재를 테일러주의의 원칙으로 다스리게 된다. 앞에서 보았듯 경제적 인간은 먼저 꼼짝도 않고서 머리와 눈만 굴리면서 온갖 지식과 정보의 취합을 통해 최적화된 선택을 이루는 착상을 행한다. 그다음에는 그 청사진에 맞추어 자신의 몸과 마음을 무자비하게 재단하고 옥박질러서 하루하루의 노동을 행한다. 우리의 경제활동은 그래서 이 '착상'과 '실행'이라는 분리된 두 개의 단계를 오가게 되며, 경제활동을 행하는 우리의 자아는 두 개로 찢어진다.

1950년대 여러 자동차 공장의 보고에 따르면, 테일러주의 경영은 재앙을 낳곤 했다. 책상 머리에 모인 전문가 경영진이 구체적인 자동차 생산 라인의 세세한 사항을 실제로 다 알 리가 없으며, 그들이 짜서 내려보낸 생산 계획이라는 게 현실성을 가지기도 힘들었다. 뿐만 아니라 노동자도 결코 '팔다리'가 아니라 응당 자기들의 감정과 영혼을 가진 존재이기에, 이러한 경영진의 계획을 눈에 안 보이는 여러 방식으로 사보타주 해버렸다고 한다. 납품 시기는 다가오고 그야말로 '똥줄이 탄' 경영진은 노조 대표진을 만나 애걸복걸하고, 그 틈을 타서 노조는 원하는 사항들을 관철시키는 일이

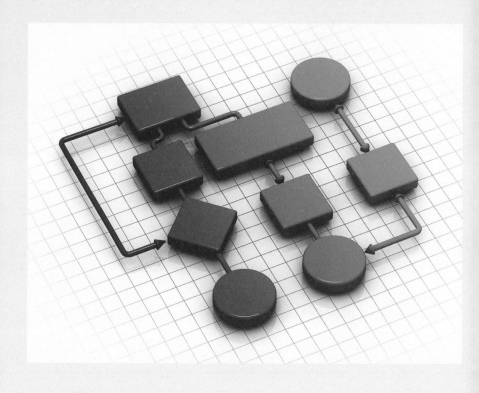

이진수라 불리는 0과 1 두 개의 숫자만으로 모든 수를 표현할 수 있는 방법을 처음 제시한 이는 라이프니츠<sup>Gottfried Wilhelm Leibniz</sup>였다. 그의 놀라운 발견은 몇백 년 후 세상만사를 0과 1의 연속으로 바꾸어버린 디지털 세상으로 구현되었다. 이제 '둘 중 하나'의 선택이라는 결정으로 인생의 모든 문제도 해결될 수 있다고 믿어진다. 파우스트의 말대로 '태초에 행동이 있었다'. 그리고 우주의 모든 것들을(심지어 신까지도) 낳은 것은 그 '행동'이었지만, 오늘날 인간의 행동이란 곧 '합리적 계산에서 나온 선택'뿐이라고 한다. 이것만 잘하면 부귀영화는 물론, 연애도 성공하고 가족도 화목하며 심지어 영적인 충족까지 해결된다고 한다.

그래서 우리는 0과 1의 두 갈래로 이루어진 복잡한 플로 차트<sup>flow chart</sup>의 미궁에 갇혀버렸다. '예/아니오' 두 버튼이 달린 리모콘만을 달랑 손에 쥔 채 그 미궁의 소파에 파묻혔다. 크노소스의 미궁은 실타래라도 풀어서 빠져나갈 길을 찾을 수 있었지만, 이 미궁에서 빠져나갈 길은 어떻게 찾을 수 있을까. 어떤 이들은 그 길을 찾기 위해서 리모콘을 결사적으로 눌러대기도 한다. 아니, 빠져나가야 한다는 생각을 하는 이들은 있을까. 이토록 합리적이고 안락한 곳에서 왜? 단추만 누르면 나의 모든 물질적·정신적 욕구가 충족되는데. 이렇게 우리는 미궁으로 들어가 스스로를 가둔다. 어쩌면 영원히. 돈만 내면 영생도 가능한 세상이 온다는 소문도 있으니까.

빈번했다고 한다. 테일러주의로 이루어지는 조직은 언제 어떻게 될지, 또 전체가 어디로 어떻게 가고 있는지도 알 수 없는 불안한 상황에 놓이는 운명을 지니게 된다. 자기 자신을 테일러주의에 입각하여 둘로 찢어놓은 경제적 인간이 항시적인 불안에 놓이게 되는 것은 자명하고 필연적인 일이다.

2 ——————— **'피어나는 삶'으로서의
경제활동**

       앞에서 잠깐 이야기했듯이 본래 인간의
'활동'은 운명처럼 주어진 불안이라는 틀을 깨고 그것을 극복하도
록 우리 손에 쥐어져 있는 무기다. 특히 경제활동은 그 생산물로 우
리의 생활을 풍요롭게 할 뿐만 아니라, 그 활동 자체가 우리에게 잠
재되어 있는 욕구와 능력을 깨워서 더 풍요한 삶을 만들어내는 '부'
의 핵심 요소가 될 수 있다. 아직 자본주의 산업문명에 그리고 경제
적 인간의 세속 종교에 찌들지 않았던 몇백 년 몇천 년 전 사람들이
어떻게 그런 생각을 할 수 있었는지 살펴보겠다.

다시 아리스토텔레스 이야기로 돌아가 보겠다. '좋은 삶'의 내용과 본질이 무엇인가에 대해서는 고대 그리스에서도 구구하게 많은 논의와 주장이 있었지만, 아리스토텔레스가 강조했던 어휘는 '에우다이모니아eudaimonia'였다. 이 말은 번역하기가 어려워 서양에서도 그리스 어휘 그대로 사용한다. 영어에서는 그 의미를 최대한 단순하고 알기 쉽게 집약하여 '피어나는 삶flourishing life'이라고 번역하기도 한다. 이 말에 어떤 고대인들의 지혜가 담겨 있기에 번역이 어려운지 함께 생각해보도록 하겠다.

이 말을 어원으로 분석하면 '다이몬daimon이 활성화eu-된 상태'라고 거칠게 말할 수 있다. 다이몬은 나중에 영어에서 악마 혹은 도깨비를 뜻하는 '데몬demon'의 어원이 되었지만, 이는 유대인들의 성경을 그리스어로 번역하다가 이루어진 어휘 선택의 결과일 뿐, 본래 그리스어 다이몬은 그런 부정적인 뜻 없이 단지 '신령'을 의미하는 말이다. 올림푸스에 있는 위대한 신들은 아니지만, 특히 인간에게는 '수호령守護靈'의 역할을 한다. 이 말은 어원적으로 '나누다'라는 뜻을 가지고 있으므로, 어떤 상황과 선택의 갈림길이 찾아왔을 때 우리를 '분별력' 있게 이끌어내는 역할을 한다는 의미도 담겨 있다고 보인다. 바로 우리를 행복으로 이끌어주는 수호령인 다이몬이 활성화된, 혹은 분별력이 좋은 상태가 바로 에우다이모니

아이다.

여기까지만 이야기하면 이 말은 그저 '분별 있는 삶'이라는 그저 그런 의미에 그칠 것이다. 하지만 아리스토텔레스는 이 말을 '이성에 따르는 아레테arete 넘치는 활동'이라고 해석하여 새로운 생각의 지평을 제시한다. 다이몬은 그저 우리에게 길을 가르쳐주는 나침반처럼 휴대해야 하거나 북극성처럼 멀리 떨어져 있지 않다. 우리의 몸과 마음으로 들어와서 우리 삶의 '아레테'를 활성화하는 역할을 한다. 아레테란 보통 '미덕'으로 번역될 때가 많지만, 그 말로 표현되지 못하는 독특한 의미를 가지고 있다. '-다움', 즉 어떤 존재로서의 특징과 성격을 탁월하게 가지고 있음을 말한다. 군인의 '아레테'는 용기가 될 것이다. 미술가의 '아레테'는 미적 감각의 탁월성에 있을 것이다. 따라서 아리스토텔레스의 생각을 풀어서 설명해보자면, '우리의 몸과 마음에 잠재되어 있는 여러 욕구와 능력이 모두 충만하게 터져 나와서 가지가지의 아레테를 충분히 떨치는 활동'이 에우다이모니아의 삶이라고 말할 수 있다. 그래서 삶은 활동이다. 그리고 이러한 에우다이모니아, 우리의 모든 욕구와 능력이 충만하게 피어나는 삶은 무엇인가를 위한 수단이 아니라 그 자체가 생명의 목적이 되는 것이다.

여기에서 잠깐 생각해볼 질문이 있다. 우리는 왜 등산, 사우나, 장거리 달리기 등을 할까? 오늘날 심리학의 한 분야인 '행복 연구Happiness Studies'에서는 인간의 행복을 설명하는 접근법으로서 '쾌락주의 접근<sup>hedonist approach</sup>'과 '에우다이모니아 접근<sup>eudaimonic approach</sup>'이 있다고 한다. 단순히 행복을 쾌락의 증대라고 본다면 등산, 사우나, 장거리 달리기 등의 활동은 수수께끼로 남는다. 등산이 얼마나 힘든가. 잠깐잠깐 산바람이 불어오고 절경이 펼쳐지는 상쾌함은 있지만, 산에서 내려와 막걸리 한잔 마시는 즐거움은 있지만, 어디까지나 등산은 숨을 헐떡거리고 땀을 뻘뻘 흘리는 고통의 연속이다. 사우나와 장거리 달리기도 크게 다르지 않다. 그 고통 속에서 시원하다고 느끼는 일종의 '쾌락'을 발견한다고는 하지만, 순진한 아이들 중에서 이 세 가지를 그렇게 즐기는 아이를 나는 거의 보지 못했다. 하지만 '에우다이모니아 접근'에서는 쉽게 설명이 된다. 사람은 자기 내부에 잠재되어 있는 가능성, 이런저런 욕구와 이런저런 능력을 끄집어내고 싶어하는 본원적인 욕망이 있다. 그리고 그런 활동에서 행복을 느끼며, 설령 그 활동이 일정한 고통을 초래한다고 해도 이를 기꺼이 받아들여 오히려 행복의 일부분으로 환영하기까지 한다고 한다. 요컨대 사람의 행복은 쾌락의 개념처럼 멈추어 있는 정적인 것이 아니라 가능성과 더 충만한 삶을 찾아나가는 역동적이고 능동적인 활동이라는 것이다.

그렇기 때문에 이 에우다이모니아라는 말은 번역이 용이치 않다. '내 삶을 행복으로 이끄는 수호령이 만족할 수 있도록 내 안에 잠재되어 있는 모든 가능성을 끄집어내고 단련하는 활동으로서의 좋은 삶', 이걸 어떻게 하나의 단어로 집약할 수 있을까. 나는 앞에서 말한 '피어나는 삶'이라는 영어 번역이 그나마 훌륭한 표현이라고 생각한다. 보잘것없는 돌조각처럼 생긴 씨앗이 땅에 떨어지지만, 거기에서 줄기가 나오고 잎이 나오고 마침내 아름다운 꽃이 활짝 피어난다. 이 피어나는 활동, 이것이 에우다이모니아이다.

## 잠재된 욕구란

여기에서 하나 짚고 넘어갈 것이 있다. 나의 몸과 마음에 잠재된 '능력'을 꽃피운다는 말은 쉽게 이해할 수 있지만, '욕구'에 대해서는 직접 와닿지 않을 수 있다. 욕구 또한 잠재되어 있다. 그리고 그것을 끄집어내 활성화하기 위해서는 활동이 필요하다.

좀 거친 예를 들어보자. 열 살 아동에게 오늘 저녁에 무얼 먹고 싶은지 물어보면 치킨, 피자, 스테이크 등이 나오기 십상이다. 나는 '순대국에 소주나 한잔'이라는 답을 들어본 적은 없다. 순대국을 좋아하는 아이는 간혹 보았지만, 아이들 누구나 어른들이 남긴 술을 호기심에 살짝 맛보면 어김없이 인상을 찡그리며 퉤퉤 하곤 한다. 그런데 세월이 지나 풍파를 겪다 보면 달라진다. 스물이 넘어 비가 오는 어느 날이 되면 순댓국에 소주, 이왕이면 소맥을 목마른 사슴이 물을 찾듯 갈망하게 된다. 그렇다면 순댓국 소주 세트에 대한 욕구는 아이의 몸에 있는 것일까, 없는 것일까?

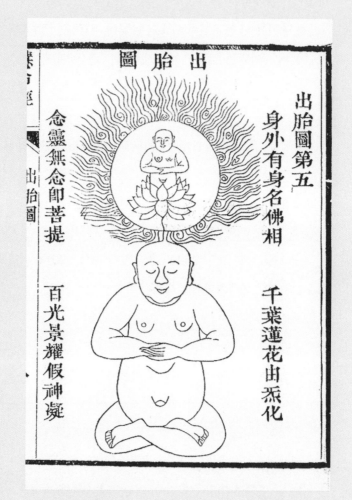

出胎圖

出胎圖第五

身外有身名佛相　千葉蓮花由炁化

念靈無念卽菩提　百光景耀假神凝

●

사람은 꽃이다. 꽃은 피어난다. 찬 서리를 이겨내고 땡볕에 땀 흘리며 스스로 피어나는 꽃처럼, 사람도 무한한 우주에 닿을 수 있는 빛과 따뜻함과 힘을 몸과 마음에 담고 있다. 도교와 불교의 경전인 『혜명경慧命經』에 따르면, 어느날 사람의 정수리 백회에서 연꽃이 피어나는 날이 온다고 한다. 그리고 그 연꽃 안에는 나에게서 피어난 빛나는 내가 아기의 모습으로 태어나게 된다. 이 작은 '내'가 바로 법신이요 부처다. 사람은 꽃이며, 피어나야 한다.

법신이나 부처까지는 바라지도 않는다. 연꽃이 아니라 그냥 소박한 개나리꽃이어도 좋다. 내 안에 잠재되어 있는 능력과 욕구를 한껏 피워낼 수 있다면, 그리고 그것을 위해서 내 몸과 마음을 한껏 써볼 수 있다면, 찬 서리도 땡볕도 피하지 않고 즐길 수 있는 삶을 찾을 수 있다. 내 몸과 마음의 활동 그 자체가 목적이 되는 삶, 그래서 내가 꽃으로 피어나는 삶, 이를 옛날 그리스 사람들은 '피어나는 삶eudaimonia'이라고 불렀다. 경제활동을 열심히 할수록 우리에게 피어나는 삶이 찾아오게 되는 경제 조직은 가능하며, 이미 시작되었다.

분명히 있다. 단지 '잠재되어' 있을 뿐이다. 그러다가 그 욕구는 어느 날 피어나 내게 없어서는 안 될 '필요욕구<sup>needs, Bedürfniss</sup>'가 되어 확고하게 자리 잡는다. 이렇게 우리의 몸과 마음에는 아직 채 피어나지 못했을 뿐, 일단 피어나기만 하면 우리의 삶을 훨씬 더 풍요하고 다채롭고 재미있게 만들어줄 무수한 욕구가 잠재해 있다고 짐작할 수 있다. 이 욕구들은 저절로 피어나지 않는다. 수호령의 인도를 받아 그것을 끄집어내려고 하는 우리의 적극적인 활동의 결과로 피어난다.

음악의 취향은 저마다 다양하다. 하지만 그 취향은 많은 시간 노력과 공을 들인 결과로 얻어진다. 차이코프스키 교향곡을 처음 듣는 순간부터 빠져든 이들은 거의 없을 것이다. 재즈, 록, 힙합, 블루스 어느 장르의 경우도 비슷하다. 처음 접한 순간에는 '뭐 이런 음악이 다 있나' 싶으면서 낯설고 멀게 느껴진다. 하지만 시간이 남아서, 멋있어 보이려고, 음반 산 돈이 아까워서 등등의 다양한 이유로 잘 모르겠지만 듣고 또 듣고 하다가 어느 순간에 귀가 뚫린다. 그다음에는 빠져든다. 빠져들어 한참을 헤매고 난 뒤에는 그 음악이 너무나 자연스럽고 내 삶의 중요한 일부분이 되어버린다. 이를 우리는 '감상 활동'이라고 부른다.

## 욕구와 능력은 동전의 양면이다

이렇게 인간의 '필요욕구'는 그것을 개발하고자 하는 의식적인 활동의 결과물일 때가 많다. 반면 그렇게 해서 생겨난 필요욕구는 다시 그 사람의 잠재된 능력을 끌어내는 순환적 과정을 만들어낸다. 록 음악에 대한 욕구가 개발된 사람은 거의 예외 없이 기타, 베이스, 드럼 중 하나 혹은 모두를 연주하고픈 욕구를 갖게 된다. 그리고 이를 실행에 옮기면 악기를 연주하는 능력이 개발된다. 악기를 배우는 일은 절대로 만만하지도 않고, 언제나 재미나지만도 않다. 지루한 반복 연습이 대부분의 시간을 차지하는 데다가 해도 해도 도무지 늘지 않는 것 같아서 지쳐 떨어져나가기 십상이다. 이 장벽을 뚫고 더 높은 경지의 실력을 갖게 만드는 원동력은 당연히 욕구에 있다.

이 상태가 되면 욕구와 능력이라는 구별 자체가 무의미해질 것이다. 외국어 능력이 뛰어난 사람 중에 외국어 공부를 싫어하는 사람은 보지 못했다. 별 욕구가 없어도 그냥 타고난 재주로 대충 잘할 수 있는 능력의 단계도 있지만, 우리가 능력이라고 부르는 것은 거의 대부분 많은 시간과 끊임없는 노력을 들여 갈고닦는 도야陶冶를 필요로 한다. 외국어, 격투기, 통계학, 어떤 경우에도 마찬가지다. 욕구라는 원동력이 없다면 능력은 개발되지 않는다. 반면 욕구와 능력이 상호작용을 일으키기 시작하면 서로가 서로를 풍부히 피워내면서 삶을 새로운 지평으로 이끌어낸다. 이것이 에우다이모니아가 이상으로 삼는 삶의 상태, '수호령이 기뻐하는' 상태일 것이다.

3 ——————— 활동으로서의 '부'

에우다이모니아, 즉 '피어나는 삶'이라
는 인간 활동에 대한 새로운(혹은 오래된) 비전은 단순히 철학과 윤리
학의 차원에 머물지 않고, 우리의 경제생활과 '부wealth'에 대한 새로
운 지평을 열어주게 된다. 지금까지 우리는 부라는 것을 내 바깥에
쌓여 있는 유형 무형의 재물의 총량이라고 생각하는 데 너무나 익숙
해져 있으며, 이를 '총액 얼마'라는 화폐 단위로 아울러내는 것을 유
일한 부의 표현 방법이라고 생각해왔다. 하지만 에우다이모니아의
시각에서 본다면, 진정한 부는 쌓여 있는 재물 총량이 아니라 나 자
신의 욕구와 능력이 얼마나 개발되어 있느냐가 된다. 그리고 그러한
부의 양은 화폐로 계산되는 총액 얼마가 아니라 '좋은 삶을 얼마나
풍부하게 열어내고 있느냐'라는 척도에 비추어 측정되고 표현된다.

## 중세 말 이탈리아 상인들의 시각

인류는 오랜 시간 동안 부가 두 가지 형태뿐이라고 생각했다. 첫째는 곡식과 고기와 의류를 만들어내는 토지다. 즉 실제 생활에 사람들에게 '쓸모'를 갖는 거의 모든 것은 토지에서 나오며, 따라서 농업이야말로 부의 근원이라는 생각이다. 둘째는 금이나 은과 같은 보화이다. 토지의 생산물이 물론 중요하지만 이는 어디까지나 일반 사람들의 일상적인 욕구를 충족해주는 '범상한' 물건일 뿐이며, 왕과 귀족이 서로에게 선물을 하거나 배상금을 치를 때 또 군인과 무기를 사들여 전쟁을 치러야 할 때처럼 특수한 상황에서 요긴하게 쓰이는 물건은 금이나 은과 같은 귀금속이라는 것이다. 일반적인 부는 토지 생산물이며, 특별한 부는 귀금속이라는 생각은 고대 바빌로니아 왕국의 회계 단위가 보리 1구르<sup>gur</sup>와 은 1셰켈<sup>shekel</sup> 두 가지였다는 점에서도 잘 드러난다.

그런데 14세기경부터 상업과 산업을 통해 본격적으로 번성하기 시작한 이탈리아 북부의 도시국가들에서는 부를 바라보는 사뭇 다른 관점이 등장하기 시작한다. 이들은 묻는다. 저 광활한 영토를 가진 왕과 귀족에 비해 우리 도시의 영토는 좁기만 하고, 여기에 모여 있는 사람의 숫자도 그 큰 나라들에 비하면 많다고 할 수 없다. 그런데 유럽 어디를 가도 누더기를 걸친 농노와 상스러운 영주만 만나게 되는 반면, 우리 도시는 어째서 어디에서도 볼 수 없을 만큼의 풍요와 부를 누리게 되는 것인가? 토지와 귀금속 같은 부의 실물이 있는 것도 아니라면, 우리 도시국가의 부는 도대체 어디에서 나오는 것인가?

그리하여 이후 16세기까지 활발하게 진행된 이들 북부 이탈리아 도시국가 상인들의 저술과 토론에서 나온 재미있는 관점은 바로 '사람'이었다. 이들 도시에 모여든 '시민'은 만만한 사람들도 밋밋한 사람들도 아니었다. 장사를 하든 무언가를 만들든 장부를 쓰든, 자기 밥벌이를 할 수 있는 재주와 능력 하나씩은 갖춘 이들이었다. 게다가 이들은 모래알 같은 개인이 아니었다. '코뮤네commune'라는 이름에서 알 수 있듯이 이 도시국가들은 입법과 사법과 통치, 나아가 전쟁이나 일상의 행정까지, 왕이나 황제 심지어 교황 권력의 통제를 받지 않고 모두 스스로 해나가는 '자치' 공동체였다. 따라서 이 시민들, 특히 어느 정도의 재산과 힘을 가진 시민들은 서로 협력하고 토론하여 질서를 수립해나가는 훈련과 기율을 갖추지 않을 수 없었다. 이렇게 마련된 집단의 역량 또한 도시국가에서 상업과 제조업이 계속 번영해나갈 수 있는 가장 중요한 근간이라는 것 또한 이 상인들은 알고 있었다.

여기에서 이후 18세기까지 이어지는 부에 대한 다른 시각의 전통, 즉 부란 사람들 스스로의 재주와 능력이 얼마나 활성화되어 있는가이지 굳어 있는 땅덩어리나 죽어 있는 금은 귀금속이 아니라는 전통이 생겨나게 된다.

이를 우리 삶 속에 옮겨서 한번 생각해보자. 사고 실험을 위해서 극단적인 두 경우를 이야기해보겠다. 첫 번째 청년은 부모에게서 50억의 재산을 물려받았다. 하지만 제대로 배운 것도 없고, 할 줄 아는 것이라곤 친구들과 몰려다니며 주색잡기에 몰두하는 일 정도다. 두 번째 청년은 물려받은 재산이 전혀 없다. 하지만 외국어 세 가지를 능숙하게 할 수 있으며, 새로 들어오는 기술이나 지식을 배우는 속도와 열망이 남다르고, 놀 줄도 알고 즐길 줄도 알아서 큰돈 없어도 얼마든지 삶을 풍요롭게 살 수 있다. 여러분은 어느 쪽 상황을 원하는가? 어느 쪽 청년이 더욱 부유한 사람이라고 생각하는가?

개인에게 50억은 분명히 큰돈이다. 하지만 이것 자체가 부의 전부라고는 말할 수 없다. 재산의 규모가 커질수록 그 재산을 제대로 관리하고 다루면서 그것을 능히 제어해 자신을 좋은 삶으로 이끄는 수단으로 삼을 수 있는, 풍부한 욕구와 능력이 개발된 준비된 주인이 있을 때 비로소 부로서 기능할 수 있다. 만약 그러한 개발이 되지 않은 상태의 사람에게 그런 돈이 주어지게 되면 제대로 부의 기능을 할 수 없을 뿐만 아니라, 극단적인 경우에는 그 사람을 망치고 패가망신으로 이끄는 재앙이 되기도 한다.

반면 풍부히 개발된 욕구와 능력으로서의 부는 다르다. 손에 쥔 돈이 없다면 고생하고 험한 꼴 당할 가시밭길이 훤히 보이지만, 그

가시밭길을 가면서 오히려 더 많은 것들을 새로 배우고 익히고 또 즐길 줄 아는 더 풍부하고 풍요한 사람으로 나아갈 수 있다. 이렇게 된다면 재물을 획득하는 결과도 분명히 일정하게 따라올 것이다.

이 두 번째 형태의 부를 창출하는 열쇠는 바로 활동에 있다. 돈을 더 벌고 더 모으는 활동이 아니라, 자신의 능력과 욕구를 선순환의 고리로 만들어 계속해서 상승작용을 일으키도록 만드는 활동, 그래서 활동 그 자체를 목적으로 즐길 수 있는 활동이다. 이러한 활동은 경제적 인간의 활동과는 다르며, 불안을 만들어내지도 않는다. 항상 '더 최선이 없을까'를 고민하며 불안해하다가 하기 싫은 활동을 마지못해서 하는 이중인격의 삶이 아니기 때문이다. 활동 그 자체가 나를 더 풍요하고 부유하게 만든다. 이 또한 분명히 형태와 방향은 달라도 어엿한 경제활동이다.

## 활동을 어떻게 조직하고 계획할 것인가

이러한 지혜를 아울러 우리의 경제활동을 조직하는 대안적인 방법을 생각해보겠다. 당연히 이는 쉬운 일이 아니다. 누가 무어라 해도 당장 나가서 한 푼이라도 벌지 않으면 월세도 대출 이자도 낼 수 없는 것이 우리의 현실이니, 어떻게든 돈을 벌 수 있는 경제활동에 대부분의 시간을 쏟을 수밖에 없다. 우리에게 돈을 주는 바깥 세상의 경제 조직은 거의 예외 없이 앞에서 말한 테일러주의 원칙에 따라 조직되므로, 거기에 속하지 않거나 속한다고 해도 창의적인 활동으로 돈을 벌 수 있는 소수의 사람들을 제외하면 모두 '착상'이나 '실행'의 어느 한 파트에 소속되게 마련이고, 그러면 불안을 자아내는 현재의 경제활동도 어쩔 수 없이 받아들여야 한다. 하지만 이것만이 우리의 경제활동은 아니다. 그렇다고 착각하여 몰각되다 보면 장기적으로 우리의 경제활동, 나아가 경제생활 전체까지 위태로워진다.

'번아웃burn-out'이라는 말이 있다. 이 또한 적절하게 옮길 수 있는 우리말이 마땅치 않아 그냥 영어 그대로 쓰는 경우가 많다. 한마디로 내 몸과 마음에 잠재된 역량이고 욕구고 뭐고 간에, (몸은 아니더라도) 마음과 정신을 홀랑 다 땔감으로 태워버려서 재만 남고 끝장이 난 상태이다. 1990년대 말 2000년대 초에는 그 전형적인 직업으로 초단타 매매로 고수익을 노리는 월스트리트의 '트레이더trader'들이 이야기되었다. 장시간 컴퓨터 스크린만 바라보며 엄청난 액수의 돈을 넣었다가 뺐다가를 반복해야 하는 살 떨리는 일이니 정신적 스트레스가 얼마나 크겠는가. 아주 힘 좋고 쌩쌩한 젊은이라 하더라도 한 3년만 하면 완전히 번아웃이 되어 나가떨어지기 일쑤라는 이야기를 들었다.

그런데 이제는 그런 고수익의 특수 직종만의 이야기가 아니다. 마트 노동자들 또한 처리하고 신경 써야 할 업무의 수가 과도하다.

판매대 계산부터 청소, 고객 관리, 창고 관리 등등 오만 가지 일을 다하게 된다. 일부 소수의 '신이 내린 직장'의 정규직을 제외하면 이러한 정황은 크게 다르지 않다. 그 결과 상당히 긴 기간 동안 은근한 불에 구워져 번아웃되는 사람들이 속출한다. 28세에 대기업에 입사해 53세에 명예퇴직한 한 친구가 내게 토로한 이야기다. '갑자기 아침에 할 일이 없고, 무언가 새로 시작해보려고 해도 도무지 머리가 돌지를 않는다. TV 뉴스 보는 정도 말고는 신문도 복잡한 기사는 잘 읽히지 않고, 서점에서 책을 찾아보았지만 읽을 엄두도 나지 않고, 글을 쓰거나 스스로를 위해 간단히 기획 문서를 작성하는 일은 언감생심이다. 그냥 멍하다. 다 태워버리고 재만 남은 것 같다.' 지금은 조그만 회사를 차렸지만, 그 친구가 이 상태에서 회복하는 데는 3년 이상의 시간이 걸렸다고 한다.

에우다이모니아의 활동은 더 많은 삶을 끝없이 생성시키고 끝없이 발전시키지만, 경제적 인간의 활동은 사람을 소진시키고 마모시켜버린다. 단기적으로는 후자가 돈벌이에 훨씬 효율적이고 도움이 되는 듯 보이지만, 인생은 마라톤이다. 정말로 그 사람이 풍요한 삶을 살았는지는 70대 이후에 결판이 나는 법이다. 이런 것을 안다고 해도 자본주의 사회에 살고 있는 우리들은 한 푼이 당장 아쉬운지라 경제적 인간의 활동을 놓을 수는 없다. 하지만 이것만으로 경제 활동의 전부를 삼는다는 것은 내 피어나는 삶의 소중한 가능성을 놓치는 것뿐만이 아니라 장기적 차원에서의 현금 수익이라는 점에서도 결코 지혜로운 일이 아니다.

## 1) 개인의 차원

나의 성품과 삶의 조건, 주변 환경 등등으로 볼 때 그럭저럭 만족하며 해나갈 수 있는 직장이나 직업에 있는 이들은 모르겠지만, 그렇지 않은 더 많은 숫자의 사람들은 지금의 직장과 직업에서 자신이 마모되고 소진되는 생활을 기약 없이 영위하고 있다는 막막함을 느끼게 된다. 그렇다고 당장 무책임하게 그만둘 수 있는 것은 아니다. 그럼에도 중장기적으로 자신의 경제활동이 최대한 에우다이모니아, 즉 자신의 욕구와 역량을 더 많이 개발할 수 있는 방식으로 조정해나가야 한다. 지금의 직장과 직업 안에서라면 그러한 일이 가능해지는 부서와 업무로 이동해야 할 것이고, 여의치 않을 경우 당연히 이직 혹은 창업까지 생각해야 한다.

방금 나온 이야기는 굳이 에우다이모니아라는 거창한 철학 개념을 끌고 오지 않더라도 이미 사방에서 쏟아져 나오고 있는 조언이며, 서점에 수북이 쌓인 자기계발서에서도 계속 반복된다. 실제로 이런 이야기를 하면 자기계발서에 나오는 '끊임없는 자기 혁신과 계발'이라는 말로 받아들이는 일이 다반사다. 하지만 중요한 차이가 있다. 이러한 과감한 변화나 이직과 창업 같은 행동의 목적은 더 많은 돈이 아니라, 나의 좋은 삶이다. 세상 사람들이 어떻게 평가하든, 그렇게 해서 들어오는 수익이 더 많아지건 적어지건, 활동 그 자체를 즐기기 위해서 내리는 결단인 것이다. 겉으로 보이거나 티가 나지는 않겠지만, 내가 말하는 것은 우리 내면에서 활동의 평가 기준을 '돈벌이'에서 '좋은 삶'으로 이동시키는 단절을 먼저 이루어야 한다는 것이다.

당장은 너무 무책임하고 낭만적인 짓이 아닌가라는 생각이 들 수 있지만, 중장기적으로 따져보면 이것이 돈벌이라는 측면에서도 현명한 일이라고 생각한다. '포스트 인더스트리얼post-industrial' 사회의 인생 주기와 노동시장의 변화 경향이 그 한 이유이다. 지금 우리나라의 상황에서 보자면, 20대 청년의 상당수는 미취업 상태이거나 불완전 취업 상태(인턴, 알바 등)에 있으며, 본격적인 취업은 30대 초가 되어야 이루어진다. 그러다가 50대 초쯤 되면 많은 숫자가 20년 넘게 지켜온 일자리에서 떠나야 하는 상황에 놓인다. 연금은 65세가 되어야 나오며, 그 액수로는 노년의 삶을 지탱하기에 충분치 않다. 따라서 노후 준비를 완전히 끝내놓은 소수의 사람들을 제외한 50~70대 거의 대부분은 무언가 소득을 올릴 수 있는 경제생활을 지속하지 않으면 안 되는 상황으로 내몰린다. 그런데 말이 쉽지 이 연령대의 사람들이 노동시장에서 젊은 사람들과 경쟁하거나 다른 종류의 경제활동을 만들어나가는 일은 결코 쉽지 않다. 이는 그 이전의 삶에서 축적해놓은, 그야말로 풍부하게 개발해놓은 '욕구와 역량'이 있을 때나 가능한 일이다. 아직 힘이 있을 나이에 화끈하게 자신을 '불태워서' 노후 자금까지 다 챙길 수 있는 사람이 아니라면, 그렇게 자신을 소진시키는 일은 현재의 포스트자본주의 상황에서는 결코 '수지가 맞는 일'이라고 할 수 없다. 그렇게 화끈한 돈벌이로 노후를 준비할 것이 아니라면, 자신을 끊임없이 '피어나게' 만드는 에우다이모니아의 삶이 오히려 현실적인 노후 준비가 된다.

### 2) 사회의 차원

'사람의 역량과 능력이 부가가치 창출의 원천'이라는 인식은 이미 우리나라를 포함한 대부분의 선진 산업국의 정책과 제도에도 깊이 각인되어 있다. 그리고 이는 '인적 자본'이라는 개념으로 이해되어 있어서, 사람들 전반 특히 청년층의 역량과 능력을 기를 수 있는 종류의 '사회적 투자'를 과감히 이루어야 한다는 정책 방침으로도 이미 담론화되어 있다. 문제는 이것이 그 자체가 목적인 사람들의 에우다이모니아의 삶을 목표로 하고 있는 것이 아니라, 더 많은 수익을 창출할 수 있는 수단으로서 인적 자본의 축적에 맞추어져 있다는 것이다.

도서관을 생각해보자. 공공 도서관을 많이 짓고 좋은 자료와 프로그램에 투자해 거기에서 새롭게 돌아가는 AI 산업의 현황과 필요한 기술에 대한 지식과 훈련을 얻어가는 청년과 중장년이 늘어나면 분명히 이는 부가가치 창출로 이어지고 경제성장이나 자본 축적에도 도움이 될 것이다. 그런데 그런 데는 관심이 없고 그냥 도서관에서 하루를 보내며 역사책이나 그림책, 심지어 '시덥지 않은 소설 나부랭이' 등이나 읽으면서 소일하는 수많은 사람들은 어떻게 되는 것일까? 이런 사람들이 설령 아무런 부가가치도 창출하지 않는다고 해도 이는 그 자체로 의미 있는 목적이 된다. 이것이 케인스의 관점이었다. 케인스가 말한 국가 재정 지출에 의한 공공 사업의 확장은 많은 이들이 오해하듯이 단순히 일자리 창출에만 목표가 있는 것이 아니었다. 오히려 그렇게 해서 만들어진 공공 시설이 사람들의 좋은 삶과 에우다이모니아에 큰 기여를 해 사회 전체의 삶을 풍요롭게 만든다는 것이 더 큰 목적이었다. 그래서 그가 생각했던 공공 사업 중에는 도서관, 미술관, 박물관 같은 것들이 중요한 자리를 차지했다. 무슨 큰 댐이나 항만과 같이 '부가가치'를 낳을 수 있는 시설물은 아닐지 모르지만, 이런 것들은 그 자체로 경제적인 부를 창출하는 것이라는 생각이었다.

개인적으로 이를 체감한 일이 있었다. 1999년 캐나다에 있을 때였다. 지금은 우리나라도 공공 도서관에 대한 투자와 시설이 크게 개선되었지만 당시 우리나라에서 내가 경험한 공공 도서관은 '동네 독서실'보다 크게 나을 바 없는 썰렁한 수준이었다. 그런데 토론토의 어느 마을 도서관에 들어갔더니 세상에나, 중국 미술사 CD가 비치되어 있었다. 그 자리에 앉아 넋을 잃고 그 쏟아지는 환상적인 화면들에 눈 호강 실컷 하면서 나도 모르게 하루가 가버렸다. 이제는 우리도 충분히 공공 도서관을 풍요롭고 다채롭게, 흥미진진한 곳으로 개조할 자원을 갖추고 있다. 공공의 의지만 모아진다면.

여기에서 우리는 사회 차원의 경제 조직을 계획함에 있어서 사람들의 활동과 역량을 바라보는 관점을 크게 바꾸어야 한다는 것을 보게 된다. 잘나가는 미래 산업이나 좁은 의미의 '일자리 훈련' 같은 '적극적 노동시장 정책'의 일환으로만 접근하는 틀을 버려야 한다. 대신 국민 전체가 태어나서 자라나 어른이 되고 나이가 들어 늙어가는 인생 주기 전반에 걸쳐서 어떠한 활동으로 어떻게 욕구와 능력을 풍부히 개발하면서 에우다이모니아를 추구할 것인지를 파악하여, 누구나 거기에 접근할 수 있도록 공공 인프라를 풍부히 마련하는 쪽으로 강화해야 한다. 이게 나중에 돈이 되는지 어떤지로 편익을 계산하는 일은 그만두어야 한다.

한 가지 예를 들어보자. 우리의 상상력을 뻗어보기 위한 가상의 예이니 실현 가능성은 일단 제쳐두도록 하자. 읽고 싶은 책이 있어 여러 서점을 돌아다녀도 구하지 못하는 경우가 많다. 아주 뛰어나고 유명한 책인데도 너무나 빨리 절판되어버려 구할 수 없는 것이다. 심지어 불과 5~6년 전에 나온 책들도 쉽게 절판이 되는 실정이다. 하지만 출판사를 탓할 수만은 없다. 정성 들여 책을 만든 당사자들이니 누구보다도 이를 안타까워할 테고, 사업성과 채산성 때문에 내린 결정이니 어떻게 할 것인가. 그런데 만약 상상력을 확장하여 국가적 차원에서 이러한 절판된 책들의 판권을 헐값으로가 아니라 합리적인 가격으로 모두 매입한다면 어떨까? 그다음에는 그 책들을 모두 디지털로 전환하여 디지털 도서관아카이브를 만든다면 어떨까? 그래서 산간벽지 도서 지역에 있는 이들도 인터넷에 접속만 한다면 언제 어디서든 좋은 책에 접근해 무한정 읽을 수 있게 한다면? 적지 않은 돈이 들어갈 것이다. 하지만 이로 인해 사람들이 에우다이모니아의 삶에 접근할 수 있는 가능성이 열리는 크기를 생각한다면 결코 큰돈일 수 없다.

이는 지식뿐만 아니라 체육 활동, 의료 및 보건 활동, 예술 활동 등 다른 모든 분야에도 마찬가지로 적용된다. 사회 공공 인프라에 대한 정책과 제도는 이제 '사회 유지'와 '인적 자본 창출'이라는 협소한 기존의 틀을 벗어나서 보다 폭넓은 에우다이모니아의 개념을 그 근간으로 재구성될 필요가 있다. 나는 이것이 21세기형 사회 공공 정책의 틀이라고 감히 말하고자 한다.

경제적 인간의 활동은 사람을 두 개의 인격으로 쪼갠다. 한없이 불안해하는 '계산하는 머리통'과 무기력하고 게으른 '몸뚱아리'로 말이다. 그렇기 때문에 우리가 경제활동을 열심히 할수록 불안은 양산되고 우리의 삶을 밑바닥에서부터 채우기 시작한다. 반면 에우다이모니아, 피어나는 삶으로서의 활동은 그 활동 자체로서 벌써 우리의 삶을 풍요하게 만들 뿐만 아니라 중장기적으로는 돈벌이라는 측면에서도 튼튼한 밑바탕이 된다. 그래서 불안은 없다. 계속 상승

작용을 일으키는 욕구와 능력의 선순환 고리, 그로 인해 계속 더 커지고 풍요해지는 삶이 우리를 기다릴 뿐이다.

위기 이후의 경제철학

5부

# 관계

사람은 '고독'하다. 태어날 때도 죽을 때도 오롯이 혼자다. 따라서 숨을 쉬는 동안에도 고독이라는 조건은 피할 수 없는 운명이다. 그럴지도 모른다. 하지만 우리가 지금 경험하는 고독은 그런 초월적이고 초역사적인 추상적 차원의 고독이 아니다. 분명히 옆에 동료가 있고 이웃이 있지만, 친구가 있고 연인이 있고 가족이 있지만, 그들이 풀어줄 수도 없고 또 풀어주어서도 '안 될' 고독을 매일매일 안고 있다. 그리고 이는 우리가 경제생활을 열심히 할수록 더욱 심해진다. 놀랄 일이 아니다. 21세기 산업문명에서 우리가 겪는 고독의 근원은 바로 현존하는 경제생활의 조직 방식에 있기 때문이다.

하지만 놀랄 만한 일이다. 사람이 고독을 느끼는 이유는 본래 사람은 '혼자가 아니기 때문'이다. 인류의 역사, 아니 진화의 어느 시점에도 사람은 혼자 삶을 영위한 적이 없다. 소스타인 베블런이 강조했던 바처럼 '로빈슨 크루소'는 소설에서 만들어낸 허구일 뿐이며, 사람은 까마득한 옛날부터 항상 공동체를 이루어 삶을 일구어왔다. 우리가 느끼는 상시적인 고독은 사실 이러한 집단적 삶의 방식이 소멸하고 개인적 생활 방식이 지배하게 된 근대와 현대의 조건일 뿐이다. 그런데 이러한 고독을 해소할 수 있는 근본적 방식은 바로 경제활동이 아니었는가? 산속에서 혼자 밭 갈고 나물을 캐며 살아가는 수도자가 아니라면 우리의 경제활동은 항상 노동 분업을 통해 이루어지고 그 속에서 함께 일하는 이들, 또 일 속에서 만나는 이들과 무수한 관계를 맺게 되어 있다. 뿐만 아니라 우리가 생산하는 그 모든 것은 우리 스스로가 아니라 다른 누군가의 필요를 충족시키기 위해 만들어지는 것들이다. 이렇게 경제활동이란 본질적으로 촘촘할 뿐만 아니라 전방위적으로 무한히 뻗어나가는 인간과 인간과 인간의 관계망 속에서 이루어지는 것이다. 그런데 어째서 경제생활을 열심히 하면 할수록 더욱 고독해지는 것인가? 이는 분명히 놀랄 일이다.

21세기의 '경제적 인간'은 이제 노동이라는 상품을 넘어서서 '인적 자본'으로 진화했다. 이들은 끊임없는 경쟁 속에서 자신의 자본 가치를 높여야 하며, 거기에 도움이 되는 '네트워크'를 만들어야 한다. 사람은 스스로 '기능'이 되어버리고, 관계는 '기능적 관계'가 되어버린다. 전면적 인격적 관계를 갈구하는 사람의 본원적 욕구는 경제생활을 열심히 할수록 짓눌리게 되며, 스스로는 끝없는 경쟁으로 내몰리게 된다. 그리하여 비단 경제생활뿐만 아니라 다른 모든 인간관계, 심지어 정서적·성적인 내밀한 관계에 있어서도 경쟁의 논리가 지배하는 '투쟁 영역의 확장'이 이루어진다. 고독하지 않은 사람을 한번 만나보고 싶어진다.

　과거의 '공동체'로 돌아가자는 것이 아니다. 산업사회는 기본적으로 기계적·기술적 합리성에 따라 인간과 사회가 적응해 들어가야 한다는 논리를 깔고 있으므로, 산업사회를 포기하지 않는 한 이러한 기능으로의 인간과 관계의 해체 및 재조합은 불가피한 운명일 수도 있다. 하지만 그것이 고독으로 이어져야만 한다는 절대적 필연성은 없다. 기능의 합리성을 유지하면서도 다시 사람들이 경쟁과 고독을 넘어서는 산업적 관계를 맺는 일은 가능하다. 이러한 산업사회의 인간 및 사회적 관계의 대안적 방식을 '협동'에서 찾은 이들은 19세기부터 있었다.

# 1 ——————  '인적 자본'의 시대

## 노동에서 인적 자본으로

영국에서 산업혁명이 일어난 이후, 생산의 주체는 갈수록 기계 장치가 되었다. 그리고 인간은 그 기계 장치가 작동하는 필요에 따라 보조적인 존재로 들어가는 '투입물'이 되었다. 생산 시설 및 기계의 상태와 조건에 따라 얼마든지 필요한 만큼 사람을 구입해 신속하게 투입할 수 있어야 하며, 또 필요가 없거나 줄어들었을 때는 언제든지 그만큼 신속하게 잘라내버릴 수 있는, 노동 공급의 새로운 사회적 제도가 필요해졌다. 이에 사람을 노동력이라는 '상품'으로 보고 시장의 수요 공급에 따라 임금 수준과 고용량을 결정하는 '자유로운 노동시장'이 19세기 초의 영국에서부터 나타나기 시작했다.

잘 알려져 있듯이, 칼 폴라니는 이를 '노동이라는 허구적 상품의 출현'이라고 불렀다. 인간은 이제 상품이 된 것이다. 인간의 모든 특성과 감정과 영혼은 이제 존재하지 않는 것으로 간주된다. 사람은 그저 '이익에 대한 탐욕과 굶주림에 대한 공포'만으로 움직이는 기능적 존재로 여겨지며, 굶지 않으려면 그리고 한 푼이라도 더 벌려면 알아서 노동시장을 뛰어다니며 일자리를 찾아 나서야 하는 존재로 다루어지게 된다.

그런데 20세기 말이 되면, 경제 조직에서 인간이 차지하는 위치에 또 한 번의 큰 변화가 일어난다. 이제 인간은 '자본'이 되어 '인적 자본human capital'으로 여겨지게 된다. 노동이라는 상품은 근로계약서에 명시된 근무 조건에 따라 여러 직무를 행하고, 또 거기에 명시된 임금을 받아가는 존재이다. 하지만 인간이 자본이 되지 말라는 법이 없다고 한다. 만약 어떤 사람이 본인이 지니고 있는 지식과 능력, 거기에다 심지어 외모와 붙임성과 사회성 등등의 오만 가지 인간적 '매력'까지 가지고 있어서 생산 조직의 수익 창출 능력 자체를 올리는 데 기여한다면 이 사람은 마땅히 자본으로 간주되는 것이 옳다는 것이다.

자본은 자본시장에서 매매가 가능하며, 따라서 그 가격인 자본 가치를 가지게 된다. 인적 자본 또한 마땅히 자본 가치가 매겨지게 되며, 더 뛰어난 인적 자본을 꿈꾸는 수많은 이들은 자신의 자본 가치를 끌어올리기 위해 무한 경쟁을 벌이게 된다.

하지만 이 '자본시장'에서의 경쟁은 옛날 '노동시장'에서의 경쟁과 비교할 수 없을 만큼 빡세고 살인적이다. 이는 단지 숙련도가 높아서 더 고차원의 직무를 행하고 더 높은 수준의 임금을 받는 차원의 문제가 아니다. 노동시장의 노동자도 그 숙련도와 업무 능력에 따라 임금에 차등이 있지만, 이는 노동자 개개인의 '만인의 만인에 대한 경쟁'에서 형성된 게 아니라 산업별 노동조합, 작업장에서의 관행, 경영진의 고려 등 무수한 사회적 고려가 결합하여 만들어지는 것이었다. 따라서 그 등급도 무한히 세분화되는 것이 아니었을 뿐만 아니라 임금 소득 차이의 크기도 제한적이었다. 심지어 1960년대의 스웨덴에서는 노동조합 스스로가 나서서 고임금 노동자와 저임금 노동자의 임금 격차를 줄이도록 했다.

하지만 자본은 이야기가 다르다. 자본의 가치는 오로지 수익 창출 능력, 미래 가치, 리스크, 벤치마크만을 가지고 냉철하게 현재 가치로 할인한 값이다. 인적 자본 또한 쉽게 말해 연봉 이상의 수익 창출을 해낼 수 있는가 없는가만으로 정확한 수치로 계산되는 게 원칙이 된다. 노동시장에서의 임금처럼 대략 몇 개의 등급으로 뭉텅이로 분류하는 것이 원칙이 아니며, 따라서 그 대가로 주어지는 연봉 또한 임금과 달리 상한선도 하한선도 애매하거나 아예 없는 것이 원칙이다.

## 인적 자본은 '전기 양'을 꿈꾸는가

### 1) 기능

'인적 자본'의 길로 들어서게 되면 자신의 '스펙'을 마련해야 한다. 2005년 한국에 돌아와서 처음으로 이 스펙이라는 말을 알게 되었지만, 무척 낯설었다. 직장을 구할 때 자신의 이력서로 제시하는 문서를 영어권에서는 보통 '레주메resume'라고 불렀다. 이는 말뜻 그대로 자신이 지금까지 해온 일을 정리해놓은 '요약문'을 뜻한다. 그런데 스펙은 모름지기 '스페시피케이션specifications'의 준말일 터, 이는 제품의 성격과 특징 등을 자세히 나열한 '사양서'를 뜻하기 때문이다. 즉 지원자가 가지고 있는 여러 '기능'이 적힌 사양서가 되는 셈이다. 나는 한국에서 쓰이는 스펙이라는 말이 인적 자본의 경쟁의 장이 된 오늘날의 상황을 잘 표현해주는 어휘라고 생각한다. 이제 이력서와 추천서reference를 보내 점잖게 사람을 평가하는 시대가 아니라, 아예 까놓고 본인의 '사양'을 한번 나열해보라며 그것으로 자본 가치를 매기는 노골적인 시대이기 때문이다.

인적 자본은 그 진화의 전 단계 조상인 노동과는 비교할 수 없을 정도로 오로지 기능으로 평가받는 존재다. 기능을 고급화하고 다변화하기 위한 스펙 경쟁이 모든 사람의 의식을 지배하게 된 이유다.

## 2) 네트워크

이제는 '네트워크 자본주의' 시대다. 부가가치는 그저 이런저런 낱개의 생산 요소를 생산함수에 투입한다고 해서 만족스럽게 나오지 않는다. 그 생산 요소 하나하나, 또 그 생산 조직 전체가 어떠한 네트워크에 편입되어 있는가가 결정적으로 중요한 문제가 된다. 그래서 인적 자본 또한 마찬가지가 된다. 홀로 고립된 개인이 제아무리 길고 빛나는 스펙을 과시한다고 해도 그것만으로 얻어낼 수 있는 자본 가치는 한계가 있다. 그 사람이 가지고 있는 가지가지의 네트워크가 모두 함께 고려되기에 이른다. 깃털 색이 같은 새들이 함께 모인다고 했다. 괜찮은, '클래스가 차이 나는' 네트워크를 보유하기 위해서는 당연히 자신의 스펙도 중요하지만, 그것을 끊임없이 끌어올리면서 동급 혹은 위의 등급에 해당하는 네트워크에 끼어들기 위한 부단한 노력이 반드시 필요하다.

이렇게 해서 모인 네트워크는 본질적으로 '기능의 결합'이다. 물론 네트워크는 사적·비공식적 성격이 혼재되어 있으므로 함께 파티도 하고, 바다로 서핑도 가고, 생일에는 선물과 인사도 주고받는 인간적 관계의 모습을 띠고 있다. 하지만 효율적인 네트워크는 느슨한 관계를 성격으로 삼는다. 어쩌다가 서로가 정보와 지식, 때로는 일손까지 도움이 필요할 때 그것을 주고받는 품앗이의 성격이 근간을 이룬다. 대학 입학 시험과 같은 무자비한 경쟁과 평가의 논리가 칼을 휘두르지는 않지만, 어떤 면에서는 느슨하기에 더욱 큰 압박으로 느껴지는 기능적 요구를 담고 있기도 하다. 그래서 고독을 덜어주는 면보다 오히려 고독을 더욱 심하게 만드는 측면이 더 크다.

### 3) '소립자'의 고독

옛날의 노동 상황은 그렇지는 않았다. 비록 짠 임금과 고된 노동에 헐벗고 굶주리기 일쑤였지만, 그리고 작업장 안에서는 가혹한 감시와 훈육에 꼼짝없이 당해야 했지만, 자신과 똑같은 처지에 있는 동료 노동자들과 서로 위로와 농담을 주고받을 수 있었다. 그리고 작업장 밖으로 나오면 여가 시간에 거리낌없이 맥줏집에 모여 아무 생각 없이 웃고 떠들 수 있었고, 처지가 비슷하기에 옹기종기 모여 사는 일이 많았던 노동자들은 아예 마을 차원에서 노동자끼리의 생활 공동체를 만들어 바비큐 파티도 하고 아이들도 같이 키우는 삶을 살 수가 있었다. 그리고 이러한 노동자끼리의 친목과 믿음이 깊어지면 이것이 노동조합으로, 또 각종의 협동조합으로, 심지어 '민중의 집'과 같은 건물까지 장만하여 고독과 고립을 덜어내고 함께 살아가는 삶을 도모하기도 했다.

이러한 20세기 전반 이전 노동자의 생활 방식은 '인적 자본'과 '네트워크 자본주의' 시대에 들어서 사라졌다. 사람들은 소립자로 나누어져 각자의 질량과 에너지로 경쟁하고 충돌하면서 장엄한 자본주의 세계의 우주를 만들어낸다.

## 투쟁 영역의 확장

이러한 '인적 자본'의 '네트워크 자본주의'의 세상은 '밀치기와 당기기'의 세계다. 헤겔Georg W. F. Hegel의 『논리학Wissenschaft der Logik』에 나오는 대로, 사실상 구별도 되지 않고 질서를 부여할 수도 없는 무한히 많은 입자들이 서로의 필요에 따라 끌어당기기도 하고 밀어내기도 하면서 펼쳐지는 세계의 모습이다. 이 끊임없는 밀치기와 당기기의 바다에서 각각의 입자들은 자신의 입지를 강화하고 유리한 위치를 점하기 위해 서로를 활용하는 데 주저하지 않는다. 그리하여 모든 '관계'는 사실상 기능적 수단이 되어버린다.

이러한 '밀치기와 당기기'의 관계는 이제 좁은 의미의 경제 영역을 넘어서 인간관계 전체로 확장된다. 직장에서의 실적 경쟁만이 아니다. 모임에 한 번 나갈 때도, 백화점에서 옷을 살 때도, 학교와 대학원을 선택할 때도, 심지어 연인과 배우자를 선택할 때도 그렇게 본인의 인적 자본으로서의 자본 가치를 끌어올리기 위한 고려와 계산이 항상 선택을 좌우한다. 그리하여 '투쟁 영역의 무한 확장'이 벌어진다.

논란을 몰고 다니는 아일랜드계 프랑스 소설가 미셸 우엘벡<sup>Michel</sup> Houellebecq의 데뷔작 『투쟁 영역의 확장<sup>Extension du domaine de la lutte</sup>』은 거의 30년 전인 1994년에 나온 소설이지만, 그 제목 그대로 이러한 '무한 확장'을 잔인하게 해부하고 있다. 2개월의 병가를 냈다가 조만간 직장에서 잘리게 된 주인공은 여자 친구를 사귄 지도 아득하다. 우울한 그의 눈에 비친 세상은 이제 그 밀치기와 당기기의 투쟁이 경제 영역을 넘어서서 모든 세상을 지배하고, 심지어 가장 내밀한 침대 속 성생활에까지 침투한 세상이다. 사람들 누구나 성적 욕망이 있지만, 이를 충족하기 위해서는 자신의 성적 능력과 매력을 입증해야 한다. 자신이 원하는 성적 대상이 성적 능력과 매력이 탁월하다면 자신의 능력과 매력도 끌어올려야 한다. 그리고 이러한 경쟁에서 밀리거나 탈락하면 냉정하게 즉시 걷어차여 침대 밖으로 벌거벗은 채 쫓겨나야 하는 형국이다. 성행위의 '실적<sup>performance</sup>'에 자신이 없는 남자들은 혹시 콘돔을 씌우는 짧은 순간에도 발기가 죽지 않을까를 소심하게 고민한다.

30년이 지난 지금, 이 소설은 옛날 이야기가 되었는가, 여전히 현실감 있는 이야기인가? 아니면 앞으로 다가올 더 지독한 미래의 이야기인가? 굳이 사람들의 이불 속까지 뒤져볼 필요는 없다. 그 바깥의 열린 세상에서도 '투쟁 영역의 확장' 현상은 충분히 차고 넘치고 있으니까.

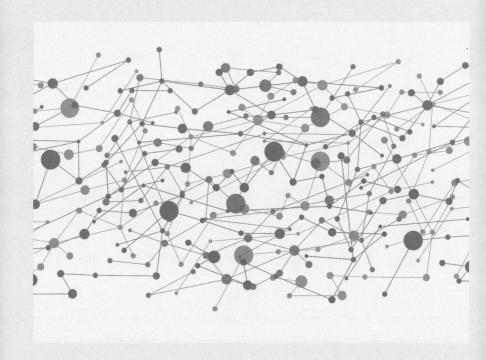

노달 포인트$^{nodal\ point}$의 옛날 번역어는 '결절점'이었고, 본래 이는 두 개 이상의 '흐름'이 맺히는 지점을 의미하는 지리학 용어였다. 네트워크를 열심히 맺을수록 나는 뚱뚱한 결절점이 되어간다. 그에 따라 전체 시스템에서 정보와 기능의 순환은 가속도가 붙게 되고 더욱 효율적이 된다. 나는 나와 모두를 위해서 여러 네트워크가 빽빽하고 복합적으로 연결되도록 최선을 다한다. 네트워크의 좋은 점도 많다. 너무 가깝지 않은 느슨한 관계라면, 나의 자율성과 독립성을 무리하게 침해하면서 훅 들어오는 일도 없으면서도 필요하고 유익한 것들을 얼마든지 주고받을 수 있고, 필요할 때에는 가지가지의 '콜라보'도 가능해진다.

그런데 이게 '관계'일까? 나는 결절점일까? 사회적 관계란 둘 이상의 사람이 맺은 연결 속에서 그 개개인이 상당 부분 소멸하고, 그 소멸한 부분이 연결 속에 묻어 들어가는 상태를 말한다. 가족은 개인의 군집이 아니다. 만약 아버지 어머니부터 시작하여 자신의 존재 상당 부분을 관계 속에 묻어버릴 생각을 하지 않는다면, 그 가정은 역기능을 할 가능성이 높다. 정말로 가족다운 가족을 꾸릴 생각이 있는 이들이라면 스스로의 상당 부분, 때로는 거의 전체를 관계 안에 갈아넣을 각오를 하지 않으면 안 된다.

## 2 ——————     19세기의 '협동' 경제사상가들

　　인간 사회에서, 특히 근대 이후의 산업
문명에서 인간은 이렇게 '기능'으로 환원되어 서로 경쟁하는 알갱
이 개인들로 파편화될 수밖에 없는 것일까? 그리고 그들의 결합이
라고 해봐야 기능적인 '네트워크'밖에는 없는 것일까? 이것이 기계
가 생산의 주체가 되고 인간이 그 부수물로 전락하는 산업문명의
운명일까? 그래서 우리의 경제생활에 따라붙게 되는 고독의 감정
도 어쩔 수 없는 숙명인 것일까?

　19세기, 산업혁명이 영국과 프랑스, 독일로 전파되는 과정을 지
켜보았던 당대의 사상가와 실천가들은 그렇게 생각하지 않았다. 산
업이라는 조건을 받아들인다고 해도 그것을 조직하는 인간의 관계
가 반드시 무한한 경쟁과 개인의 파편화로 이어질 필요가 없다고

생각한 이들은, 산업문명의 대안적 조직 원리로서 모두 '협동'을 이야기했다. 그 사상가들의 생각을 짧게 소개해보도록 한다.

## 퇴니스의 '동지사회'

독일의 사회학자 페르디난트 퇴니스<sup>Ferdinand Tönnies</sup>는 1881년에 발표했던 『공동사회와 이익사회<sup>Gemeinschaft und Gesellschaft</sup>』라는 저서에서 산업문명의 발달로 생겨나는 인간의 기능으로의 환원과 개인의 파편화, 그로 인해 발생하는 고독과 소외의 문제에 대해 깊은 논의를 전개한다. 먼저 그는 사회의 형성이 명시적이든 암묵적이든 모든 성원의 '의지'의 표현으로 형성되는 구체적인 것이라고 보았다. 어쩌다가 우르르 몰려 살게 되는 군집이나 떼거리는 그래서 사회가 아니다. 그 성원들이 분명한 의미를 부여하고, 그 의미에 따라 각자의 행동과 생각을 맞추어나갈 때 비로소 '사회'라고 할 만한 것이 생긴다는 것이다.

그 의지의 성격에 따라 두 가지 상이한 사회가 생겨난다고 한다. 먼저 '존재의지<sup>Wesenwille</sup>'에 따라 생겨나는 공동사회<sup>Gemeinschaft</sup>가 있고, '선택의지<sup>Kürwille</sup>'에 따라 생겨나는 이익사회<sup>Gesellschaft</sup>가 있다. 전자는 사람들이 자신의 존재 그 자체에 대해 의식하면서 생겨나는 필요와 의지를 말한다. 인간 존재는 전체적이고 총체적이며, 그 존재를 이루는 무수히 많은 측면과 관계는 모두 서로 불가분의 관계를 맺으면서 전체와 총체로서의 나의 존재, 즉 인격을 형성한다. 나의 존재가 오롯이 인정되고 받아들여지는 관계를 그래서 누구나 원하게 되며, 이러한 의지에 따라 공동사회가 형성된다. 우리말로 흔히 '공동체'로 번역되기도 하는 퇴니스의 공동사회는 따라서 그 성원의 관계가 전면적이고 총체적이다. 아버지와 어머니와 형제자매의 관계는 각자의 어느 한 측면으로 국한되지 않는다. 모든 일을 함께 나누고 함께 웃고 함께 울면서, 또 모두의 행복에 관심을 가지며 서로 돕고자 한다. 한마디로 '못할 이야기도 나누지 못할 것도 없는 관계'가 된다.

반면 후자인 선택의지는 완전히 고립되고 분리된 개인을 전제로 하여, 그 개인이 자신의 생각과 이익에 따라 필요로 하는 목적과 기능을 충족하고자 하는 의지다. 따라서 여기에서 생겨나는 이익사회는 그 성원들이 합의하는 목적과 기능에 따라 구성되며, 그 목적과 기능을 달성하는 데 서로 도움이 되는 이들로 구성된다. 따라서 이 사회 안에서의 관계는 철저하게 구체적인 목적과 기능에 관한 영역으로 국한된다. 사람들의 관계는 결코 전면적이지 않다. 관계의 기초가 특수한 목적과 기능이므로, 그것이 달성되거나 또 변동이 생길 때는 언제든지 변하거나 해체될 수 있다.

누구나 느끼겠지만, 이는 공동체 단위로 경제생활이 이루어지던 전근대 전통 사회와 자유 계약으로 이루어지는 시장경제를 기초로 경제생활이 조직되는 근대 및 현대사회의 대조를 분명한 개념으로 포착한 것이라고 볼 수 있다. 이 두 종류의 사회는 모두 인간의 자연스러운 의지의 산물이므로, 그 나름의 존재 이유와 장점을 가지고 있다. 하지만 각자가 가진 부족함과 역작용 또한 분명하다. 공동체라는 말만 들어도 몸서리를 치는 이들을 종종 만날 수 있다. 내 친구 하나는 스스로 '시골 촌놈'이라고 부르는 농촌 출신이지만 절대로 고향 마을로 돌아가 살 생각이 없다고 한다. 공동체라는 이름으로 쏟아지는 간섭과 억압, 질식할 것 같은 위계 서열 관계 등의 부조리한 일을 너무나 많이 겪었기에 기를 쓰고 공부하여 서울의 대학으로 '도망쳤다'는 게 그의 인생담이다. 퇴니스의 공동사회가 현대인에게 너무나 소중한 가치인 '개인의 자율과 자유'와 분명히 충돌하는 부분이 있고, 여기에서 기능적 필요에 한해서만 관계가 맺어지는 이익사회에 대한 갈망이 생겨나는 것도 자연스러운 일이다. 하지만 앞에서 보았듯이, 사회의 모든 관계가 기능과 네트워크로 해체 및 재조합된 상태에서 어떤 문제가 나타나는지도 퇴니스는 뼈아프게 인식하고 있었다. 독일 사회민주당 당원으로서 당시 자본주의의 여러 양상을 비판적으로 바라보았던 그가 이 공동사회/이익사회라는 이분법으로 포착하려고 했던 것도 바로 그러한 소외와 고독과 비인간화라는 증상이었다.

그렇다고 해서 그가 산업화가 이루어진 근대에 다시 공동사회가 주종을 이루던 옛날로의 회귀를 꿈꾼 낭만적 비전을 가진 것은 아니었다. 사회주의자였던 그는 인간의 역사가 자본주의보다 더욱 고차적으로 발전한 사회주의 사회로 나아갈 것이라고 기대했으며, 이제 과거 공동체의 이상과 꿈은 그렇게 더욱 발전한 고차적 사회에서 새로운 모습으로 실현될 것이라고 기대했다. 그러한 사회의 성격은 공동사회도 아니고 이익사회도 아니면서 양쪽의 장점을 유기적으로 결합한 '동지사회Genossenschaft'였다.

흔히 협동조합으로 번역되는 이 말을 굳이 '동지사회'라는 낯선 말로 옮겨놓은 이유를 설명하면 퇴니스가 뜻한 바가 좀 더 잘 다가올 것이라고 생각한다. 퇴니스와 비슷한 시대에 활동했던 독일의 법학자 오토 폰 기르케Otto von Gierke는 법의 역사를 연구하면서 멀리 로마시대 게르만족 시절부터 '전우戰友, Genosse'끼리의 공동체라는 독특한 사회적 관계가 존재했음을 강조했다. 전쟁에서 생사고락을 함께하던 게르만 전사들의 관계는 그야말로 '동지comrade' 관계이며, 공동사회의 관계처럼 위계 서열이 있는 것도 아니지만 이익사회의 관계처럼 제각각 모래알처럼 딩굴거리면서 서로를 당겼다가 튕겨냈다가 하는 성격의 것도 아니었다. 분명히 동등한 전우끼리의 관계인 동시에 또 서로의 목숨을 포함한 모든 것을 함께 나누고 공유하는 관계이기도 했다. 이러한 '수평적이면서도 유기적이고 전면적인 관계의 조직'을 훗날 중산층과 숙련공이 자신들의 경제 조직의 전형으로 삼으면서 독일의 협동조합 운동으로 연결이 되었다고 한다.

퇴니스는 이 말을 협동조합에 국한하여 쓰는 것이 아니라 사회 곳곳, 가지가지의 경제적 관계들, 나아가 국가 전체까지도 재구성할 수 있는 사회적 관계의 뜻으로 확장하여 쓰고 있다. 동지사회에는 공동사회와 이익사회가 서로의 장점을 살리면서 유기적으로 결합되는 것이 가능하다. 이익사회가 가지고 있는 개인의 자유 및 평등이 보장되고 기능적 효율성과 탄력성을 유지하면서도, 공동사회가 가지고 있는 인간과 인간의 전면적 관계와 정서적·물질적 공유가 이루어지는, 아주 이상적인 종류의 협동조합과 같은 관계가 보편화되고 전면화되는 세상이 가능하다는 생각이었다. 그가 꿈꾸었던 사회주의는 국가와 공산당이 철권을 휘두르며 모든 것을 독점하고 명령하는 세상이 아니라, 이러한 이상적인 협동조합을 닮은 '동지사회'가 주종을 이루는 세상이었다. 산업사회에서 발생하는 개인의 소외와 고독에 대한 답은 '공동체'가 아니라 '협동'이라는 말이 된다.

## 프루동의 '상호주의'

프루동Pierre-Joseph Proudhon은 19세기의 사회주의자이자 아나키즘 창시자 중 한 사람으로서, 그가 사적 소유와 무한 경쟁에 대한 대안적 조직 원리로서 제시한 경제적 비전은 '상호주의mutualisme'였다. 그는 야수적 자본주의의 노동자 착취와 무한 경쟁에도 반대했지만, 국가가 생산수단을 장악하고 경제생활을 명령하는 종류의 사회주에도 반대하여 그 대안으로 아나키즘적인 사회 및 경제의 구상을 밝힌다. 그에 따르면 우선 모든 이들은 빠짐없이 구체적인 직업을 가지고 생산 활동에 종사해야 한다. 그리고 이들 각자가 생산한 노동 생산물은 철저하게 그것을 생산하는 데 들어간 노동 시간에 따라(말년의 프루동은 여기에 노동 강도와 작업의 종류도 감안하려고 했다) 결정되고 그 몫을 분배받는다. 각자가 삶을 영위하기 위한 사적 소유는 보장되지만 생산수단 자체에 대한 사적 소유는 용납되지 않는다. 이렇게 각자가 생산한 것들이 유통될 수 있도록 화폐와 시장이 적극 활용된다.

문제는 직업을 가지고 일을 시작하고 싶어도 아무 밑천이 없는 '무산자'들을 돕는 일이었다. 이를 위해 '상호주의 은행'을 모두가 힘을 합쳐서 만들어낸다. 그때까지만 해도 은행은 오직 일정한 재산과 지위와 신용을 지닌 이들에게만 계좌를 열어주고 신용을 공급하는 배타적인 기관이었다. 이를 대체하기 위해 모두가 함께 만들어낸 이 은행은 누구에게나 은행 운영비에 해당하는 이자만을 붙여서 신용을 공급해준다. 그렇다면 혼자서 일할 수 있는 목수 같은 이들이 아니라 여러 명이 달라붙어야 하는 생산 조직의 작업장은 어떻게 할 것인가? 이는 거기에 참여하는 노동자 모두가 평등한 관계에서 평의회를 조직하여 경영권을 쥐는 산업 민주주의로 작동한다.

이러한 프루동의 초기 아나키즘 경제사상에서 주목해야 할 점은 생산 활동의 대가를 노동 시간에 비례하여 분배받는다는 것이다. 노동자의 직종은 그 종류가 실로 무한히 다양하며, 이러한 사회에서는 예술가나 의사도 모두 노동자로 여겨지고 그에 따라 대접받게 된다. 이렇게 다종 다기한 이들의 다종 다기한 활동을 모두 노동 시간이라는 척도로 획일적으로 계산하겠다는 말은, 이들 모두가 그러한 기준을 받아들이고 합의한다는 것을 전제로 한다. 즉 '누가 더 오랫동안 땀을 흘렸는가'의 경쟁 이외에는 일체의 경쟁이 배제된다는 것이 함축되어 있다. 경쟁이 배제되면, 생산자들이 서로를 속이거나 배제하거나 정보와 기술을 숨길 이유가 사라진다. 그리하여 프루동의 표현에 따르면 서로에 대한 '존경과 존중'의 정신이 생겨나게 되며, 이에 투명하고 공정한 경제 질서가 확립될 뿐만 아니라 협동이 강화되면서 '시너지'가 생겨난다. 또 혁신과 기술 발전이 일어나면 금세 사회 전체로 확산되면서 생산력의 강화로 이어질 것이라고 보았다. 즉 경쟁의 동기를 배제하게 되면 협동이 지배하게 되며, 협동의 경제가 나타나면 더 효율적이고 인간적인 경제가 나타난다는 이야기였다.

황당한 유토피아처럼 들리는지? 프루동의 숙적 카를 마르크스 또한 이러한 이상을 비현실적인 잠꼬대라고 비웃어 마지않았다. 그리고 중화학 공업과 대공장이 지배하던 20세기의 2차 산업혁명 시대에는 이러한 소생산자들을 모델로 삼은 프루동의 상호주의 구상이 설 자리를 잃고 완전히 뒤로 밀려났던 것이 사실이다. 하지만 20세기가 끝날 무렵 대공장의 대량생산 시대가 지나가고 혁신을 통한 고부가가치의 다품종 소량생산이 중요한 산업 패러다임 중 하나로 떠오르게 되자 프루동의 생각은 다시 각광을 받게 된다. 미셸 피오레Michael Piore와 찰스 사벨Charles Sabel은 1984년에 내놓은 『두 번째의 산업 분기The Second Industrial Divide』에서 '유연 전문화flexible spe-cialization'라는 새로운 산업 패러다임을 제시하면서 이탈리아 북부의 고부가가치 의복 산업 등을 예로 든다. 이러한 개념과 사례를 설명하기 위해 그들이 중심에 놓았던 것이 바로 프루동의 상호주의 구상이었다. 21세기 경제에서 고부가가치의 혁신적 생산 관계의 중요성은 날이 갈수록 커져만 가고 있으며, 경쟁을 협동으로 대체한 프루동의 구상은 지금도 많은 혁신가들에게 영감의 원천이 되고 있다.

## 오언의 '협동'

옥스퍼드 사전에 따르면 영어의 '쿠퍼레이션co-operation'이라는 단어는 17세기부터 문헌에 등장하지만 그 의미는 그저 '같은 목표로 함께 일한다'는 정도였다고 한다. 그리고 이 단어가 '협동'이라는 경제 용어로 쓰이게 된 것은 1820년대 로버트 오언Robert Owen의 사상을 추종하던 오언주의자들이었다고 한다. 오언은 그야말로 '협동의 아버지'라고 해도 지나치지 않을 인물이다.

19세기 초 산업혁명의 한복판에서 영국 최대의 공장 중 하나를 운영하던 오언은 효율성에 있어서도, 또 노동자의 행복과 복지라는 측면에서도 최고의 성공을 거두어, 자신의 공장을 러시아 왕비를 비롯하여 유럽 전역에서 사람들이 몰려들어 견학하는 '성지'로 만들기도 했던 인물이다. 그러한 경험 속에서 그는 산업문명을 경쟁의 원리에 입각하여 인간을 상품으로 만들어버리는 자본주의 시장경제에 맡겨두었다가는 모든 인간이 다 짐승으로 전락하고 사회 자체가 파괴될 것이라는 확신을 갖는다. 그리하여 그는 산업과 경제를 조직하는 새로운 원리는 경쟁이 아니라 협동이 되어야만 한다는 주장을 설파하고 다닌다. 뿐만 아니라 자신의 성공적인 공장 경영의 경륜에 믿음을 가지고, 자신이 주장하는 협동으로 얼마든지 성공적인 경제 조직이 가능하다는 것을 입증하고자 실천에 옮기고 사재까지 거의 털어 넣는다. 그리하여 그는 실로 파격적이고 과감한 실험들을 내놓으면서 사회주의 운동의 아버지, 유치원 교육의 아버지, 협동조합의 아버지, 노동조합의 아버지, 산업공동체 운동의 아버지, 세속적 합리주의 운동의 아버지라는 명칭을 줄줄이 얻게 되었고, 인류 역사상 전무후무한 '사회 혁신가'의 자리에 오르게 된다.

그의 수많은 실험을 관통하는 협동의 정신을 요약한다면 '신뢰'라고 할 수 있다. 이는 막연한 인격적·도덕적 의미의 믿음을 말하는 것이 아니다. 모든 사람들은 제대로 된 인격 형성의 맹아를 모두 갖추고 있다. 이 맹아를 싹트게 하는 것은 다른 이들에게 도움이 되는 것을 만들어내고픈 생산자로서의 욕구와 능력, 그리고 그러한 도움을 받아 자신의 필요를 충족하고픈 소비자로서의 욕구와 능력이다. 사람들은 서로가 가진 생산자로서의 능력과 소비자로서의 필요를 인정하고 받아들이면서 모두가 모두를 위해 쓸모 있는 사람이 되고자 노력하려는 본능이 있으며, 그러한 활동 속에서 인격의 맹아를 피워내게 된다는 것이다. 따라서 모든 사람은 다른 사람들이 이러한 존재라는 것을 확신하고, 그들이 가진 욕구와 능력을 전면적으로 긍정하는 데서 협동이 시작된다는 것이다. 그래서 그는 노동조합이 단순히 임금과 노동 조건 개선 투쟁에 그치는 것이 아니라 생산자 협동조합으로 발전하기를 원했다. 또 모든 직종과 산업의 노동조합이 자본가를 위해서 경쟁할 것이 아니라 서로를 위해 생산 활동을 해내고 여기에 다시 소비자 협동조합이 결합된다면, 노동자 스스로가 아무의 도움도 받지 않으면서도 산업 전체를 조직할 수 있다고 믿었다. 이는 20세기에 들어와서도 '길드 사회주의' 등 비非마르크스주의 사회주의 운동에서 지속적인 영향력을 발휘한다.

3 ——————    **21세기의 '협동' 경제 조직들**

　　　　　　　　　　　　나는 협동조합에 가입하자고 말하는 것
이 아니다. 협동조합 운동은 그 길고 복잡한 역사에서 많은 굴곡을
겪었으며, 20세기 후반이 되면 기업 조직의 한 형태로 완전히 자리
를 잡으면서 초기 사회 운동의 성격은 많이 탈색되었다. 하지만 '협
동'의 원리로 경제 조직을 만드는 실험은 지금도 계속되고 있으며,
21세기의 새로운 기술적·사회적 조건과 맞물리면서 새로운 맹아
를 무수히 출현시키고 있다.

　이렇게 새롭게 나타나려 하는 조직 형태들은 반드시 비영리적 활
동 영역에 국한되지 않는다. 경쟁이 아니라 사람들의 협동에 근거
하여 조직과 운영이 이루어져도 성공적인 돈벌이도 가능하며, 경우
에 따라서는 장차 더욱 폭발적인 혁신과 효율성을 담보할 수 있는

미래 지향적인 경제 조직의 가능성을 시사하는 경우들이 많다. 몇 가지의 경우만 아주 짧게 소개하고자 한다.

## 플랫폼 협동조합

디지털 혁명은 플랫폼 노동자라는 새로운 계층을 만들어냈다. 경제활동을 조직하는 매개체가 디지털을 십분 활용한 플랫폼이 되면서 플랫폼 경제는 지옥 같은 양극화를 만들어낸다. 플랫폼을 소유한 소수의 사람들은 그 이전의 어떤 대규모 공장을 소유했던 자본가에 못지않은, 혹은 그를 능가하는 엄청난 부를 얻게 된다. 반면 플랫폼에서 실시간으로 쏟아지는 명령을 실시간으로 수행해야 하는 노동자들은 노동자로서의 지위조차 제대로 인정받지 못하면서 몸과 마음이 피폐해지는 '보이지 않는 노동'의 존재로 전락한다.

라이더 배달 노동자나 우버 택시 운전사 등과 같은 이들이 만약 경쟁의 원리 하나만으로 이 플랫폼 노동판에서 움직인다면 이들 모두는 한없이 미약한 존재가 되어 플랫폼 소유 기업에게 몸과 마음을 혹사당하면서 비참한 처지로 내리꽂힐 위험이 있다. 하지만 이들이 만약 '협동'의 원리에 입각하여 협동조합을 구성하고 스스로의 플랫폼을 만들어 공동의 조합 소유로 만든다면 그러한 '바닥으로의 경쟁'을 멈출 수 있을 뿐만 아니라 그 전보다 나은 좋은 노동

조건을 만들어 함께 이익을 볼 수 있을 것이다.

디지털 혁명과 플랫폼 경제는 기존의 협동조합 운동이 극복하기 힘들었던 장애물 하나를 제거해주었다. 바로 공간적·시간적 분산의 문제다. 협동조합은 조합원의 신뢰가 전제되어 있어야 함은 물론, 제대로 된 운영을 위해서는 조합원끼리의 의사소통과 집단적 토론 등이 반드시 있어야 한다. 따라서 공간적으로 멀리 떨어져 있는 이들이라든가 시간적으로 같이 만나기 힘든 조건에 있는 사람들은 협동조합이라는 형태를 활용하기 힘들 수밖에 없다. 하지만 무한의 공간과 서로 다른 시간을 하나로 연결해주는 디지털과 플랫폼의 힘은 이들 또한 현실의 시공간에서 직접 대면해 만나지 않고도 소통하고 토론하고 서로 뜻을 함께할 수 있는 조건을 만들어준다. 이러한 플랫폼 경제의 특징을 역으로 이용한다면 그 전에는 상상하기 힘들었던 공간적 규모와 시간적 차이를 넘어서 더 많은 사람들이 참여하는 새로운 협동조합 운동이 가능할 것이다.

미국 뉴욕의 뉴스쿨대학교의 트레버 숄츠Trevor Scholz 교수를 필두로 뜻을 함께하는 연구자들과 활동가들이 이 플랫폼 협동조합 운동을 꾸준히 계속해오고 있다.

미셸 바우엔스(Michel Bauwens)의 책, *Peer to Peer: The Commons Manifesto*.
이 책의 전문은 다음에서 무료로 내려받을 수 있다.

https://www.uwestminsterpress.co.uk/site/books/10.16997/book33/read/?loc=001.xhtml

협동이 반드시 끈끈한 인간관계를 필요로 하는 것은 아니다. 이루고자 하는 것을 위해 함께 노력하는 이들이라면 얼굴도 모르는 생면부지의 사람들이라 해도 얼마든지 협동이 가능한 세상이 되었다. 단순히 정보와 기능의 전달만이 아니라 함께 생산하고 함께 향유하는, 동료생산peer-to-peer production 및 커먼즈commons의 형성을 21세기 인류 경제의 새로운 비전으로 제시하는 이들도 있다.

기업과 같은 위계적 조직이 아니더라도, 또 은행 시스템과 같이 (권력) 중심과의 관계를 매개로 하지 않더라도, 같은 목적과 희망을 공유하는 개인들이 집단적으로 관계를 맺으면서 다방면의 경제적 활동을 조직하는 것을 목표로 한다. 하염없이 사방으로 퍼져 나가기만 하는 네트워크가 아니라, 공동의 목표를 중심으로 큰 원형을 이루는, 디지털 시대의 새로운 경제적 협동을 꿈꾼다.

그렇게 해서 생산된 것들을 함께 향유하고 함께 공유하는 커먼즈가 있다. 숲, 우물, 목초지와 같은 천연자원만이 커먼즈가 아니다. 커먼즈는 우리 스스로가 얼마든지 인공적으로 만들어낼 수 있다. 우리가 협동으로 만들어내는 것들을 모두의 소유로 모두의 책임으로 함께 관리하고 함께 향유하는 영역이 없다면 21세기의 기술혁신은 불가능하다. 동료생산과 커먼즈는 이미 현재의 기술/산업 패러다임에서 필수적인 요소로 자리 잡고 있다. 자본과 기업에 가리워 보이지 않을 뿐.

먼저 '위키피디아의 기적'에 대해 생각해보자. 이 방대한 내용을 만들어낸 이들은 이름을 알 수 없는, 전 세계에 퍼져 있는 무수한 개인들이다. 그 개인들은 아무런 금전적 대가도 없이 자신이 가지고 있는 지식의 부분 부분을 서로 합쳐서 일관된 그리고 빽빽한 항목의 목차를 가진 거대한 백과사전을 만들어냈다. 이렇게 얼굴도 모르고 만난 적도 없는 무수한 사람들의 노력이 하나의 매끈한 작품으로 이어지게 만든 것은 잘 만들어지고 끊임없이 업데이트되는 프로토콜과 거기에 입각해 내용을 편집해나가는 집단들, 게다가 위키피디아 전체의 관리와 운영을 맡아보는 비영리 법인 등의 '인프라'이다. 그렇게 해서 생산된 위키피디아는 누구의 소유도 아니면서 모두의 소유이기도 한 '커먼즈commons'이다. 그 힘에 오랜 역사를 자랑하던 브리태니커 백과사전이 뒷전으로 밀려났고, 이제 위키피디아는 모든 종류의 지식 생산자에게 없어서는 절대로 안 될 소중한 자원이 되었다.

바꾸어서 말해보자. 이러한 인프라만 있다면, 즉 관리와 운영 주체가 있고, 여러 다른 사람들의 작업 결과를 일관되게 합쳐나갈 수 있는 프로토콜이 있고, 그러한 과정을 감독하고 필요할 경우 필요한 개입을 행하는 최소한의 작업 관리 집단이 있다면, 멀리 떨어진 수많은 생산자들이 유기적으로 연결되어 하나의 작업 공정을 만들어내는 일이 가능할 수 있다. 그리고 이 생산 조직 전체는 자본을 댄 주주가 소유하는 것이 아니라 참여하는 모든 이들이 함께 사용하고 함께 관리하는 커먼즈가 된다. 이러한 새로운 생산 조직의 방식을 개념으로 제시한 것이 '동료생산/커먼즈P2P, Peer to Peer/Commons'이다.

동료생산/커먼즈는 위키피디아와 같은 비영리 영역에 국한될 이유가 없다. 전체 동료들의 협업으로 만들어진 생산물은 자체 내에서 향유할 수도, 또 완전히 공개하여 누구나 향유하게 할 수도 있지만, 그것을 상품으로 만들어 판매하여 수익을 낼 수도 있다. 실제로 게임 개발이나 소프트웨어 개발을 이룬 동료생산/커먼즈 프로젝트나 단체들은 일정한 수익을 발생시켜 이를 참여한 모든 동료 생산자들과 공정하게 나누어 갖기도 한다. 이를 위해서는 프로토콜이 탄탄해야 할 뿐만 아니라, 누가 무엇을 얼마나 기여했고 그 기여분을 얼마로 평가할 것인가 등에 대해 모두가 납득할 수 있는 투명한 절차가 마련되어야 한다. 협동은 선의로만 이루어지는 것이 아니다. 이렇게 정교하고 세심한 규칙과 프로토콜의 준비가 있을 때 비로소 가능해진다.

이를 가능하게 할 기술로서 블록체인이 각광받고, 이것이 동료생산과 결합되기도 한다. 다수의 장부를 모든 동료 생산자들이 공유하면서 거기에 기록되는 생산의 전 과정을 볼 수 있고 또 믿을 수 있게 해야 한다는 필요에서이다. 이렇게 블록체인 기술을 활용하여 조직되는 동료생산 조직의 형태로 요즘 활발한 것이 '탈중앙 자율 조직$^{DAO, Decentralized Autonomous Organization}$'이기도 하다.

'동료생산/커먼즈'라는 개념을 널리 알리고 적극적으로 추동해 온 조직과 인물로서 벨기에에 뿌리를 둔 P2P재단$^{P2P Foundation}$과 그 창립자 미셸 바우엔스$^{Michel Bauwens}$를 들 수 있다. 이들의 온라인·오 프라인의 각종 저작에서 이 개념에 대한 더 많은 아이디어를 얻을 수 있다.

## 연대 경제

'연대 경제$^{solidarity economy}$'는 이제 한국에서도 널리 알려지고 실천 되고 있는 사회적 경제$^{social economy}$와는 사뭇 다른 개념이다. 특히 최 근 우리나라 사회적 경제는 '사회적 가치 창출'에 방점을 두는 것으 로 보이지만, 연대 경제는 '시장도 국가도 풀어주지 못하는 필요를 충족하기 위해 풀뿌리 시민들이 직접 연대하여 만든 조직과 그 활 동'에 더욱 방점이 있다. 요컨대 풀뿌리 시민들의 연대와 협동이 더 욱 중요한 요소가 된다. 21세기 자본주의의 여러 문제점 가운데 하 나는, 그야말로 영리기업도 국가 및 공공기관도 쉽게 해결할 수 없 는 사회적 필요가 무수히 생겨나고 있다는 것이다. '목마른 사람이 우물을 판다'고 했다. 이러한 필요를 해결하기 위해서는 그 필요를 갈급하게 느끼는 사람들 스스로가 힘을 합치는 수밖에 없다. 따라서 협동이 이러한 경제활동 영역에서 핵심적인 조직 원리로 자리 잡게 된다. 그리고 연대의 폭은 그 '필요자들'에만 국한될 이유가 없다. 이들의 처지를 이해하고 연대하고자 하는 크고 작은 여러 단위와 기관들도(중앙 및 지자체 정부, 기업, 비영리 단체, 학교, 종교 기관 등등) 그 뜻에 동참하고 협동한다면 당연히 연대 경제의 일원이 된다.

그 무수한 예가 있지만, 2010년대 중반 영국에서 경제적으로 낙후된 도시를 되살리는 도시 재생 모델로서 이름을 떨쳤던 '프레스턴 모델'이 처음 실험되고 나타났던 미국 클리블랜드시의 경우를 잠깐 살펴보자. 한때 활발한 산업도시였던 클리블랜드는 20세기 말에 나타난 탈공업화<sup>deindustrialization</sup>의 결과로 공장과 기업이 다른 도시로 빠져나가고 중산층 또한 교외로 주거를 옮기면서 도심 한가운데가 텅 비어버리는 '도심 공동화'를 겪게 된다. 이 도시의 중심에는 예전부터 있었던 큰 대학과 병원 건물들만 남았을 뿐, 그 일정한 반경 안은 글자 그대로 거의 '초토화'되었다. 사람이 거의 살지 않는 버려진 건물들은 창문이 깨져 있고, 빈터가 되어버린 사방의 주차장에는 어른 무릎까지 잡초가 자란 상태였다. 여기에 남아서 사는 주민들(압도적으로 흑인들) 또한 일자리와 생계의 곤란은 물론 안전의 위협에 일상적으로 시달리는 상태였다.

주민들은 이 상황을 개선하기 위해 지혜를 짜낸다. 그 빈터의 한 가운데에 덩그러니 놓여 있는 큰 병원을 활용하기로 한 것이다. 먼저 이들은 세탁 협동조합을 구성하여 세탁 작업의 숙련을 쌓는다.

그다음에는 병원 관계자와 면담을 신청하여 병원에서 매일 대량으로 쏟아지기 마련인 각종 세탁물의 처리 사업을 자신들이 맡고 싶다고 말한다. 이 병원은 그때까지 프랑스의 다국적 기업에게 이 작업을 맡기고 있었지만 마을 주민들의 뜻에 공감하여 입찰에 응해보도록 권한다. 이들의 협동조합은 작업의 질을 개선하는 노력을 계속하는 한편, 지리적으로 바로 인접한 자신들 조직이 멀리 떨어진 다른 대기업보다 병원과의 의사소통도 훨씬 원활할 것임을 강조하며 결국 입찰 경쟁에서 승리하여 일을 따낸다.

그리고 이 초토화된 허허벌판 지역에도 생기가 돌고 돈이 돌기 시작한다. 그전에는 돈이 바깥으로 빠져나가기만 하던 이 지역에 대형 병원의 세탁 관련 예산이라는 큰돈이 협동조합원인 마을 사람들의 임금 소득으로 들어오게 된 것이다. 마을에 돈이 돌기 시작하면서 작은 가게들과 골목 경제가 살아나게 된다. 용기를 얻은 이들은 이제 태양광 설치 협동조합을 새로 출범시켜 또 다른 사업을 시작한다.

이렇게 마을 사람들이 한데 힘을 뭉쳐 연대하여 협동으로 생산 조직을 꾸리고, 그 지역에 어쩔 수 없이 공간적으로 뿌리박고 있는 대학이나 병원, 관공서 같은 대형 기관들(이를 '닻 기관[Anchor Institution]'이라고 부른다)의 큰 예산이 지출되는 사업을 따내 지역 경제를 살리는 기폭제로 삼는 것이 '프레스턴 모델'의 중요한 축이 된다. 영국의 프레스턴시 또한 지독한 경제적 낙후와 일자리 부족으로 '자살의 왕국<sup>capital of suicide</sup>'이라고 불리던 희망 없는 도시였지만, 젊은 시 의원들의 노력으로 이러한 모델을 적극 받아들이면서 희망을 일구 는 도시로 바꾸어낸 바 있다.

절망적인 도시의 절망적인 지역에서 절망적인 처지에 놓여 있는 사람들이 스스로의 경제적 처지를 개선하기 위한 방법이 '경쟁'이 었을까? 그 상황에서 따로따로 찢어져서 경쟁을 해봐야 얻을 것이 있었을까? 이들이 선택한 것은 '협동'이라는 방법이었다. 이것이 지 금 전 세계 곳곳에서 열띠게 시도되고 실험되고 있는 연대 경제의 좋은 예 가운데 하나라고 볼 수 있다.


고독에서 벗어나려면 사람들 곁에 있어야 한다. 그리고 함께 모 였을 때는 함께 일을 하는 것이 더 효과적이다. 그리고 그 일이 모두 가 함께 원하고 꿈꾸는 공동의 목표를 위한 일일 때 더욱 효과적이 다. 일하느라 바빠서 서로 말할 틈도 없다고 해도, 고독해지지는 않 는다. 이것이 경제활동 본연의 모습이다. 고독을 낳는 원천이기는 커녕 어떤 종류의 고독이라도 풀어주고 덜어주는 최상의 치료책은 바로 '함께 도우며 일하는 것'이다. 그런데 열심히 하면 할수록 사람 을 더욱 고립시키고 고독으로 몰고 가게 되어 있는 오늘날의 경제 생활의 틀은 결코 인간의 본성에 맞는 것도 아니며 지속 가능한 것 도 아니다. 협동을 원리로 삼는 경제활동의 폭을 넓고 깊게 만들어 야 한다. 그때 고독은 줄어들거나 아예 소멸한다. '네트워크 자본주

의'니 '인적 자본'이니 하는 생긴 지 몇십 년도 채 되지 않은 개념들
과는 비교할 수 없을 만큼 오래전부터 내려온 인류의 지혜이다.

위기 이후의 경제철학

6부

# 미래가
# 힘이다

앞의 이야기를 읽은 이들의 머릿속에는 이런 생각이 계속 맴돌았을 수 있다. '다 알겠고 다 좋은데, 이건 옛날 이야기 아닌가? 당장 한 푼이라도 벌기 위해 기계처럼, 아니 사이보그처럼 돌아가고 있는 세상에서 이런 이야기가 한가한 경제철학 이상의 무엇이란 말인가? 이런 식으로 사회 전체의 경제생활이 조직되는 세상이 과연 올 수 있을까?' 그렇다. 이 책은 경제철학을 다루고 있을 뿐이다. 경제생활은 철학만으로 되지 않는다. 철저하게 먹고사는 문제이며, 당장 내일부터 아이 먹일 분유를 어떻게 조달할 것인가, 이번 달 월세를 어떻게 낼 것인가의 문제이다. 이빨도 들어가지 않는 딱딱한 현실을 뚫고 나가 바꾸어내는 문제이다. 따라서 설령 옳은 경제철학이라고 해도 이론, 정책, 제도 설계, 생활 방식 등으로 발전하기 전에는 경제학이라고 말할 수 없다. 이 책에서는 그런 문제들을 다룰수가 없다.

하지만 이 책에 개진된 생각을 '옛날 세상을 그리워하는 낭만적 이야기'라고 말하는 것만큼은 동의할 수 없다. 우리 모두가 그런 것처럼 나 또한 지금과 미래를 보면서 살아가고 있으며, 미래의 경제생활을 위해 생각하고 고민한 이야기들을 풀어낼 뿐이다. 나는 허무, 고독, 불안을 더욱 심하게 만드는 경제생활이 아니라 그런 감정들을 치유할 수 있는 경제생활의 미래가 반드시 올 것이라고 믿는다. 그래서 생태 위기와 사회적 불평등을 비롯한 우리 세상의 여러 문제들을 더 깊숙이 해결할 수 있는 새로운 생활과 경제활동을 마련하기 위해 '경제적 인간'의 미몽에서 함께 벗어날 때가 지금이라고 믿는다.

이러한 믿음은 최근에 생긴 것이 아니다. 30년도 더 된 오랜 시간 동안 회의와 좌절과 절망, 관찰과 노력과 희망을 거치면서 계속 누적되어온 것이다. 그러한 개인적 생각의 진전 과정을 이 짧은 책에서 모두 풀어낼 수도 없고 또 그러고 싶은 생각도 없지만, 내가 여기에 개진한 생각이 와야 할 미래이며, 이미 오고 있는 미래라고 생각하게 되었는지와 관련된 부분만큼은 잠깐 이야기해야겠다.

# 1 ——————— 인간의 본성이란 있는 것일까

이 책을 읽은 이들 중에는 여기에 개진되어 있는 내 생각이 경제활동에서의 '인간 소외'라는 철학 용어와 닿아 있다고 느끼는 이들이 있을 것이다. 맞다. '소외'라는 주제는 20세기 후반의 많은 철학자들이 논의했던 문제이지만, 특히 나는 젊은 시절의 마르크스가 이야기했던 '노동의 소외/양도' 논의에서 큰 영향을 입었다. 그 이야기가 나와 있는 『경제학 철학 초고』를 마르크스는 1844년 그의 나이 26세 때 썼고, 내가 그 글을 읽었던 것도 얼추 비슷한 나이대였다. 비슷한 또래인데 누구는 이런 글을 쓰고 누구는 이해도 잘 못하고 머리를 두드리며 읽고 있다는 처량한 생각이 들었던 것만 뺀다면 참 복된 시간이었다. 그 나이의 청년들만이 느낄 수 있는 고민과 열정, 절망과 희망이 고스란히 담겨 있는 글이었기에 내 아둔한 머리라는 장애물을 넘어서 이심전심하는 마음으로 내게 큰 울림을 전해주었다. 그리고 그 글을 읽은 뒤와 후의 나는 같은 사람이라고 할 수 없을 정도로 결정적인 생각의 변화를 가져왔다.

## 노동의 '소외/양도'

『경제학 철학 초고』는 세 부분으로 구성되어 있지만, 특히 내 생각을 완전히 뒤집어놓았던 것은 첫 번째 초고의 끝부분인 '노동의 소외/양도'라는 노트였다. 마르크스가 혼자 생각을 정리하기 위해 쓴 글이니 읽기 어렵고 비약도 많고 난삽하기 이를 데 없지만, 이를 넘어서 간략하게 노동의 소외/양도라는 개념과 그 결과를 정리하면 이렇다.

노동은 단순히 얻고자 하는 것을 만들기 위한 수단으로서의 활동이 아니다. 노동이야말로 인간이 다른 사람들, 사회 전체, 나아가 자신을 둘러싼 자연환경과 관계를 맺는 가장 중요하고 사실상 유일한 길이다. 인간은 노동을 통해 자신의 욕망을 개발하고, 그 욕망을 충족할 수단을 마련하고, 다른 사람들과 사회 전체의 생각과 정서를 이해하고 또 그들에게 기여하며, 자연환경에서 배우고 느끼면서 또 자신의 생각으로 그것을 바꾸어놓게 된다. 그런데 이러한 활동을 위해서는 맨몸만 가지고는 되지 않는다. 이런저런 생산수단을 반드시 갖추어야만 한다. 하지만 자본주의적 관계에서는 노동자들이 생산수단을 전혀 갖지 못한 상태이므로 노동을 하기 위해서는 자신의 몸과 마음을 상품으로 내놓아서 그것을 구입하는 자본가에게 팔아야만 한다. 그 결과 임노동자들이 하는 활동은 방금 말한 본원적 의미에서의 노동이 아니라, 생산수단의 소유자에게 더 많은 상품과 이윤을 안겨주기 위한 기계적 행위가 되며, 노동자 본인은 그 대가로 입에 풀칠이나 할 정도의 임금을 '먹고 떨어지는' 신세가 되어버린다. 마르크스가 즐겨 쓰는 비유를 들자면, 마치 구약성경 창세기에 나오는 이야기에서 이삭의 맏아들이었던 에서가 죽 한 그릇에 맏아들의 권리를 동생 야곱에게 넘겨버렸듯이, 노동자들은 알량한 임금 몇 푼을 받기 위해서 생명체로서의 존재 근거인 노동이라는 활동을 홀랑 자본가에게 넘겨버린다는 것이다. 이렇게 노동이 '양도Entäusserung'당하는 바람에 노동자의 노동은 그 자신에게 '낯선 것으로 소외Entfremdung'되는 사태가 벌어진다는 것이다.

노동이 양도/소외되면 어떤 결과가 나오는가? 노동자는 더 이상 인간 존재가 아니게 된다. 젊은 마르크스의 생각을 아주 거칠고 단순하게 정리하면 다음과 같다(꼭 원문을 찾아 읽어보기를 부탁드린다). 첫 번째, 노동자는 자신의 '활동'을 낯선 것으로 보게 된다. 자기의 꿈과 의지와 희망으로 하는 활동이 아니라 순전히 임금을 따내기 위해 하는 활동이 되었기 때문이다. 두 번째, 자신의 '생산물'을 낯선 것으로 보게 된다. 자기가 만든 물건이라고 하더라도 이제 그것을 얻기 위해서는 돈을 내고 사야 하니까. 셋째, '다른 사람'을 낯선 것으로 보게 된다. 우리가 만드는 것은 다른 사람들과 서로의 욕구를 충족하기 위해 만들어지는 것이며, 또 그것을 만드는 동안 나는 또 숱한 동료 및 관계자와 관계를 맺게 된다. 하지만 내 활동을 자본가에게 양도해버린 상태이니 내가 이런 것들에 관심을 가질 이유도 없고 정열을 느낄 이유는 더욱 없으며, 오히려 귀찮고 짜증 나고 욕지기가 나오는 대상이 되어버린다. 넷째, 이렇게 해서 나는 인간이라는 생물종 전체가 갖는 본성, 즉 '유적 존재Gattungswesen'를 낯선 것으로 보게 된다. 사람들은 다 BTS가 좋다고 하고 차이코프스키가 좋다고 하고 셰익스피어의 글이 좋다고 하지만, 나는 알 길이 없다. 영국 버밍엄의 어두운 공장에서 10대를 보낸 록 밴드 블랙사바스Black Sabbath의 명곡 〈파라노이아Paranoia〉 가사처럼 '행복이란 게 뭔지 도무지 느껴지지가 않고, 사랑이라는 것도 내게는 전혀 실감이 나지 않는' 상태가 되어버린다. 그런 것들을 깨우칠 수 있을 만큼 자연과 사회와 다른 사람들의 생각 및 정서와, 나아가 이 온갖 세상과의 관계를 맺을 수 있는 노동이 이미 낯선 것이 되어버렸기 때문이다. 다섯째, 나를 둘러싼 '자연환경' 전체가 낯선 것이 되어버린다. 자연은 나를 깨우치고 나에게 상상력을 불어넣고 나의 마음을 키워주는 어른이 아니라, 그저 내가 때리고 박살 내고 주물러서 원하는 것을 뜯어내는 대상이 되어버리고 만다. 그리고 내가 이해하고 반응할 수 있는 욕구와 능력은 오로지 내 동물적·생리적 삶을 지속할 수 있게 하는 수준을 벗어나지 못하게 된다. 이에 인간은 '경제적 동물'로 퇴화하고 만다.

나는 당시 경제학과를 졸업한 상태였고, 경제학 교과서에 나오는 '경제적 인간'이라는 황당한 개념을 4년간 주입받아 반쯤은 거기에 절어 있고 또 반쯤은 진저리를 치면서 머리가 아주 혼란스러웠던 시절이었다. 그런데 마르크스의 이 글은 내 머릿속을 괴롭히던 온갖 생각을 깨끗하고 말끔하게 정리해주었다. 우리가 인류라는 생물종의 유적 존재를 확인하기 위해서 필요한 것이 바로 노동, 즉 '경제활동'이건만 우리가 스스로의 생산수단을 빼앗기게 된 결과 그 경제활동은 내 입에 풀칠을 하기 위한 '저열한 몸짓'으로 전락하고 말았다. 이렇게 우리 본성의 유적 존재로부터 소외된 결과물이 바로 경제학 교과서에 등장하는 경제적 인간이라는 괴물이었던 것이다. 따라서 이 경제적 인간은 본래 인간의 모습이 아니다. 우리의 본 모습, 인간으로서의 유적 존재를 회복하기 위해서는 생산자와 생산 관계를 분리하는 자본주의적 생산 양식을 넘어서서 생산수단의 사회적 소유를 실현하고, 사람들이 자신들의 경제활동을 매개로 서로서로 화해하고 사랑하며, 각자의 욕구와 능력을 공유하고 토론하며 꽃 피우는 삶을 회복해야 한다. 그리고 인간 사회가 이러한 이성적이면서도 사랑이 넘치는 공동체로 회복되면서 비로소 인간과 자연의 관계도 조화와 공존과 사랑으로 다시 생겨날 것이다. 그것이 나의

20대 후반의 깨달음이었다.

## '유적 존재'는 없다

마르크스의 『경제학 철학 초고』는 그가 성숙한 '과학자'가 되기 전 '풋내기 청년' 시절의 설익은 생각을 적어놓은 것으로 폄하되기도 한다. 특히 그 '유적 존재'라는 개념은 마르크스 자신의 숙성된 생각이 아니라 그가 젊은 시절에 큰 영향을 받은 헤겔 좌파의 철학자 포이어바흐Ludwig Feuerbach 철학의 나쁜 잔재일 뿐이라는 지적도 흔했다. 하지만 나는 그러한 공산당 계열의 '정통 마르크스주의자'들의 말에 크게 개의치 않았다. 당장 내가 살아가는 세상, 내가 눈으로 보고 몸으로 겪는 세상 어디에서나 이러한 '노동의 소외/양도'의 결과물이라고 젊은 마르크스가 적어놓았던 모습이 너무나 생생하게 보이고 느껴졌기 때문이다. 그리고 나와 우리가 이러한 비참한 꼴을 극복하고 지향해야 할 삶을 위해서는 결국 우리가 '인류'라는 존재의 본성을 어떻게든 회복하는 수밖에 없다고 확신했기 때문이다. 그게 마르크스의 생각이건 포이어바흐의 생각이건 아니면 우리 동네 목사님 스님의 말씀이건 무슨 상관이겠는가. 진리에 무슨 저작권이 있는가. 옳으면 그만이고 따르면 그만일 뿐이다.

하지만 시간이 지나고 나이가 들고 나와 다른 사람들에 대한 관찰과 성찰이 늘어나면서 내 생각은 바뀌게 되었다. 그 유적 존재라는 것이 과연 있는가라는 근본적 회의가 생긴 것이다. 경제적 인간이라는 왜곡된 인간상에서 벗어날 수는 있었지만, 그 반대로 유적 존재라는 이상화된 추상적·초월적 인간상에 기대기에는 현실에 존재하는 나와 우리 인간이 너무나 다양하고 너무나 복잡했다. 사람을 칼과 톱으로 찢어발기는 등의 끔찍한 장면을 찍은 스너프 필름을 즐겨보는 사람들이 있다는 것을 알게 되었다. 반면 다른 사람들을 돕기 위해 자신의 온 인생과 목숨까지 내놓는 숭고한 사람들이 있다는 것도 알게 되었다. 성희롱 현장을 목격하고 분노하여 즉석에서 치고받는 사람들이 있다는 것을 알게 되었다. 반면 바로 그 성희롱의 현장에서 낄낄대며 즐기면서 동조하는 사람들이 있다는 것도 알게 되었다 등등. 이렇게나 다르고 이렇게나 다양하여 도저히 같은 종으로 볼 수가 없는 인류라는 수수께끼 같은 생물종에서 무슨 동일한 본성을 가진 유적 존재를 발견한단 말인가? 설령 철학적 사변 등을 통해 어거지로 그런 존재를 이야기로 구상한다 한들 그게 현실을 살아가는 나와 우리에게 씨나 먹힐 것인가?

또 있다. 시간과 공간이 지나면 문화가 달라지고, 그에 따라 인간의 성정性情은 실로 어이없을 정도로 변화한다. 아직도 이곳저곳에 간혹 남아 있는 '열녀비'라는 것을 보면 이 시대의 사람들은(심지어 여성들마저도) 남편이 죽으면 부인이 따라 죽는 것을 고귀한 미덕으로 여겼음이 분명하다. 유럽에서 마녀사냥이 한창이던 시절, 억울하게 걸려들어 참혹한 고문을 당하던 희생자 한 사람의 독백을 적은 드문 사료를 보면 그 희생자는 이 황당한 부조리에 분노하기는커녕 이것이 자신의 신앙과 영혼의 견결함을 증명하는 신이 내린 시련tribulation이라고 생각하면서 끝까지 잘 이겨내자고 다짐하고 있다. 불과 100년 전만 해도 유럽의 '문명사회'에서는 사촌과의 결혼을 아무렇지 않게 여겼지만 지금은 그것을 근친상간으로 금기시한다. 불과 500년 전의 아즈텍 사람들은 인육을 즐겨 먹었고 그 요리법까지 정리해놓았다고 한다. 마르셀 프루스트Marcel Proust의 『잃어버린 시간을 찾아서』를 끌어안고 읽는 사람과 틱톡의 15초짜리 동영상을 탐닉하는 사람이 서로 만난다면 소와 닭의 만남과 비슷할 것이다. 이렇게 시간적·공간적으로 변화무쌍하게 나타나는 인간의 성정에서 무슨 영구불변의 유적 존재를 찾아낸다는 말인가?

젊은 마르크스의 통찰을 배우면서 경제적 인간의 허구성은 철저히 깨닫게 되었다. 그렇다면 우리는 누구인가? 경제활동을 하는 우리는 어떤 사람들인가? 그리고 경제활동은 어떤 성격을 가지고 있으며, 어떤 방향과 모습을 지향해야 하는가? 경제활동의 '이데아'는 무엇인가? 시간과 공간, 역사적·사회적 상황과 조건에 따라 천변만화千變萬化의 모습으로 나타나는 우리 인간이라는 희한한 생물종을 놓고서 무슨 유적 존재를 찾는단 말이며, 그것에 기초하여 초월적인 경제활동의 원칙과 규범을 도출하는 게 무슨 의미가 있다는 말인가? 확신이 없어졌다.

## 2 ──────  인류의 경제생활은 끊임없이
진화한다

### 베블런의 진화경제학

이즈음에 만나게 된 경제사상가는 소스타인 베블런이었다. 그는
열혈 혁명가였던 마르크스와는 정반대의 성격을 가진 사람으로서,
인류의 경제생활을 그야말로 생물학자가 여러 동식물을 바라보듯
이 철저하게 냉정하고 과학적인 관점으로 관찰 기록하려는 방법을
취했던 이였다. 다윈의 진화론에 깊은 영향을 받은 그는 우리의 경
제생활과 그 변화 과정을 '끊임없이 진화하는 생물학적 현상'이라
는 관점에서 접근했다.

그가 그려내는 인간의 경제생활은 무슨 고정된 도덕이나 이상이
나 법칙 따위와는 전혀 무관한, 그야말로 '생물학적 현상'이었다. 미

대륙 원주민 부족장은 자신의 특별한 지위를 뽐내기 위해 새의 깃털이 가득한 머리띠를 두르고, 20세기 초 미국의 억만장자들은 대궐 같은 집을 짓고 이해하지도 못하는 미술품과 조각상으로 온 집 안과 정원을 빽빽이 채운다. 봉건시대의 유럽 지배층은 이곳저곳의 땅 조각을 자신의 영지로 꿰차서 글로 한 열 줄은 채워야 할 정도의 가지가지 작위와 타이틀을 늘어놓는다. 현대의 지배층은 이런저런 기업들을 긁어모아 레고 조각처럼 붙였다 떼었다 하면서 자신의 자산 총액의 크기를 불린다.

베블런은 천태만상의 경제활동을 관통하는 유일한 원칙이 있다면, 그것은 '본능'이라고 말한다. 사람은 우선 무언가 자신에게나 남들에게나 쓸모가 있는 것을 만들고 싶어하며, 이를 위해 부지런히 일에 몰두하고 싶어하는 '일꾼 본능instinct of workmanship'이 있다고 한다. 반면 이와 동시에 남들이 생산해놓은 것을 가져다 먹고살면서 무위도식하고 빈둥거리고 싶은 '불한당 근성sportsmanship'이 있을 뿐만 아니라, 이를 오히려 자랑스러워하면서 더 많이 착취하고 더 많이 뜯어먹으며 권력을 추구하는 '약탈자 본능predatory instinct'이 있다고 한다. 이 두 가지 본성을 모두 가진 인간들이 집단과 계급을 이루어 서로 뜯어먹고 뜯어먹히기도 하고, 또 그 와중에 좋은 것들을 만들고 향유하고 기뻐하기도 하는 뒤범벅의 드라마가 인류 경제생활의 진화사라고 그는 이야기한다. 흔히 오해되는 것과 달리 진화는 '진보'가 아니다. 진화는 아무런 목적도 아무런 지향점도 없다. 그냥 생명체의 본능과 주변 환경의 상호작용 속에서 상황과 시대에 따라 어디론가 끊임없이 변해가는 힘겹고 덧없는 여행일 뿐이다.

베블런을 읽으면서, 역사를 관통하는 초시대적인 인간 경제생활의 규범적 조직 원리 따위는 생각하지 않는 게 낫다는 생각이 들었다. 그게 무슨 의미가 있는가? 인간은 모두 자신이 소속되어 함께 살고 있는 공동체 전체가 공유하는 '사유 관습habit of thought'을 따르는 동물일 뿐이다. 30년 전만 해도 '달덩이 같은 미인'이라는 말은 외모에 대한 칭찬이었지만 요즘은 분위기를 험악하게 만드는 위험한 말이 되었다. 50년 전에는 양말과 속옷을 꿰매 입으면서 절약하여 은행에 한 푼 두 푼 저축하는 사람이 경제활동의 모범이었지만 이제는 화끈한 자산 관리로 풍부한 소득을 확보하고 주말마다 쇼핑을 하며 질러대는 이들이 모범이다. 베블런이 젊은 마르크스의 '유적 존재'라는 개념에 대해 들었다면 어떤 표정을 지었을지 궁금하다. 아마도 어깨를 한번 으쓱인 다음 오히려 그런 생각이 나오게 된 19세기 유럽 지식인들의 정신적·물질적 상황을 조사하면서 '인간 정신 진화의 한 국면'이라며 분석 대상으로 삼지 않았을까?

베블런의 말대로 인류의 경제생활에 있어서 역사와 공간을 뛰어넘은 초월적 차원의 규범은 없다. 유적 존재는 마르크스나 몇 사람의 머릿속에만 있는 개념일 뿐이다. 인류의 경제생활은 끊임없이 진화한다. 특히 기계 시대가 시작된 이후.기계를 대상으로 한 여러 가지 혁신과 기술 변화의 속도는 비약적으로 증가했다. 거기에 맞추어 우리의 사회도 계속 바뀌어가야 한다. 여기에서 태곳적부터 근대와 현대까지를 잇는 유적 존재를 찾는 일은 우스꽝스럽다. 베블런과의 만남도 젊은 마르크스의 사상 이상으로 내 생각과 삶을 온통 바꾸어놓았다. 우리의 현실과 세상의 향방에 대해 헛된 희망도 필요 이상의 절망도 다 부질없는 일이며, 그저 그 전개의 양상을 차분히 바라보고자 하는 태도를 조금씩 익히게 되었다.

하지만 이게 다일 수는 없다. 희망과 염원은 사람에게 물과 산소만큼 절실한 것이다. 이게 없으면 죽지도 살지도 못하는 '살아 있는 시체undead', 즉 좀비가 되어버린다. 인간의 경제생활은 진화생물학과 동일한 양상으로 변화해가므로 그와 동일한 방법과 태도로 접근해야 한다는 것은 알겠지만, 이게 다인가?


## 결국 다시 '좋은 삶'인가


그래서 나는 다시 고대 철학에 속하는 아리스토텔레스의 경제사상으로 되돌아가기도 했다. 초시대적인 초월적 유적 존재 따위가 없다면, 구체적인 시대와 구체적인 공간에 존재하는 특정한 사회들만 있을 뿐이다. 그리고 그 사회의 구성원이 공유하는 가치관과 생활방식이 있을 뿐이며, 좋은 삶에 대한 논의는 그 틀을 한 치도 벗어날 수 없다는 생각이었다. 그런데 바로 이 점에 착목하여 좋은 삶의 문제를 경제사상으로까지 끌고 왔던 이가 바로 아리스토텔레스였으니까. 부끄럽지만 30대 초반에 아리스토텔레스의 경제사상에 대한 작은 책을 쓰기도 했다.

하지만 아리스토텔레스의 경제철학도, 그 핵심어인 '좋은 삶'과 '에우다이모니아'도 그 자체로 충분한 답이 될 수는 없었다. 여기에 아무리 큰 지혜와 혜안이 담겨 있다고 해도, 이 또한 몇백 년 몇천 년 전의 귀족들이나 가지고 있었을 법한 삶의 비전에 불과했다. 좋은 삶, 말은 좋다. 하지만 우리가 살고 있는 세상의 제도와 정책이 전혀 그것과 거리가 먼 형태로 조직될 때에는 우리가 어떻게 해야 할까? 이 책에서 설명한 좋은 삶을 위한 경제철학은 사실 여러 학교를 다닐 필요도 없이, 집안 살림에 대해서 조금이라도 깊게 생각해 본 경험이 있는 이들이라면 즉각 이해할 수 있는 것들이다. 그렇다면 그 모든 논의에서 나온 좋은 삶의 내용은 무엇인가? 이렇게 경제적 인간이 지배하는 우리의 현실에서 우리는 매일 매 순간을 한 푼이라도 더 벌기 위해 개처럼 뛰어다녀야 하는 상황인데? 그런 우리에게 이런 이야기를 늘어놓아 봐야 물질적·정신적으로 여유가 있는 이들의, 함경도 사투리로 '똥알이 기름진 소리'에 불과한 것이 아닌가? 아리스토텔레스만이 아니었다. 고대 철학은 말할 것도 없고, 애덤 스미스의 『국부론』과 『도덕감정론』에서도 좋은 삶이 경제 행동의 근본적 원리라는 말은 수도 없이 쏟아진다. 하지만 그 구체적인 내용을 어떻게 찾아갈 것인가? 고대 철학자들이 21세기의 대한 민국에 살게 된다면 무어라고 말할 수 있을까? 그들도 재테크와 부동산 투자에나 몰두하지 않을까?

베블런은 학문적으로는 차갑기 그지없는 냉철한 과학자였지만 차가운 사람은 아니었다. 힘든 처지에서 평생을 허리가 휘도록 일만 하다가 힘이 다 빠져 삶이 끝나는 가난한 농민 노동자들과 항상 같은 편에 서려 했고, 남들의 땀과 피를 빨아서 구역질날 정도의 부를 축적하고 '돈지랄'에 탐닉하는 '유한계급'을 야만인으로 경멸했던 이였다. 세간에 잘못 알려진 것처럼 세상사에 초연한 괴짜도 아니었다. 제1차 세계대전이 끝난 뒤에는 학계를 박차고 나와《다이얼Dial》지의 편집장을 맡아 사회 비평가로 정열적으로 활동하기도 했던 사람이었다. 하지만 그는 마르크스처럼 인간의 경제생활의 진화 과정이 모든 모순과 소외가 해소된 '사회주의/공산주의의 낙원'으로 언젠가 도달하게 될 것이라는 목적론적인 역사관도 철저히 거부했다. 현존하는 자본주의 산업문명의 미래에 대해서는 낙관도 비관도 드러내지 않았으며, 오히려 말년으로 갈수록 비관적인 전망의 냄새를 풍기게 된다. 좋은 삶, 말은 좋다. 그리고 좋은 삶에 근거한 대안적인 새로운 경제생활의 틀을 마련하자는 희망도 훌륭하다. 하지만 그게 가능할 것인가? 유토피아 같은 백일몽에 불과하지 않을까? 이렇게 막다른 골목에 부닥쳤을 때 돌파구를 열어준 이는 20세기 스웨덴 사회민주당의 지도자 에른스트 비그포르스였다.

3 ——————      산업사회의 진화가 새로운
　　　　　　　경제생활의 틀을 만든다

에른스트 비그포르스<sup>Ernst Wigforss</sup>는 20세
기 전반에 마르크스주의와 단절한 독특한 사회(민주)주의 사상을 발
전시켜서 스웨덴 사회민주당을 이끌었던 사상가이자 이론가였다.
독자적으로 케인스주의와 동일한 경제정책의 틀을 개발한 경제학
자였으며, 1932년부터 1949년까지 재무부 장관으로 일하면서 스
웨덴 복지국가의 기초를 닦은 실무가이기도 했다. 아쉽게도 그의 저
작과 관련 서적은 일단 구하기도 쉽지 않았고(스웨덴으로 발품까지 팔았
고 배송 요금으로 한밑천이 들었다), 영어나 독일어로 된 문헌을 찾기가 어
려워 눈물을 머금고 '바이킹 언어' 스웨덴어까지 새로 공부해야 했
다(슬프게도 지금은 잊어먹었다). 하지만 이러한 고생에 비해 내가 얻은
보상은 차고 넘쳤으며, 그야말로 '경제적 인간'의 관점에서 볼 때도

내 인생 최고의 가성비 좋은 투자였다. 그가 내게 남긴 지혜는 한마디로 '산업사회의 변화를 더 나은 사회 실현의 동력으로 활용한다'였다.

## 산업의 변화

산업사회는 한순간도 쉬지 않고 변화한다. 전통 사회의 물질적 기초를 이루는 농업, 목축업, 어업 등은 인간과 자연이 직접 몸으로 부닥쳐 엉기는 과정이며, 그 변화의 속도는 빠르지 않았다. 19세기의 조선 지식인들이 3천 년 전 주나라의 정전제井田制를 여전히 현실적 대안이라고 생각할 지경이었으니까. 하지만 산업혁명 이후의 인간 문명은 전혀 다른 리듬으로 움직이기 시작했다. '산업사회'라는 말을 만들어낸 사회주의 운동의 아버지 생시몽Claude Henri de Saint-simon이 강조했듯 이제 사회 전체의 물질적 기초는 기계에 근거한 '산업'이며, 이를 조직하는 기반인 기술과 과학은 한순간도 쉬지 않고 변화한다. 옛날 전통 사회의 정치란 몇천 년간 크게 변하지 않는 농업·목축업·어업의 기초 위에서 왕과 귀족이 서로의 땅을 빼앗아가는 지루한 권력 싸움에 불과했다. 하지만 산업사회는 그 끊임없이 변화하는 기술과 산업의 상태에 따라 최적의 효율성과 인간의 자유와 도덕이라는 가치가 최대한 공존할 수 있도록 끊임없이 사회를 업데이트하고 개조해나가야 하는 지상 과제를 안게 되었고, 이것을 실현하는 것이 산업사회의 정치가 맡은 임무가 된다.

비그포르스는 이러한 사회(민주)주의 정치의 임무를 과감한 사상적·실천적 혁신으로 떠안고 풀어냈다. 그도 젊었을 때에는 산업문명의 비인간성을 혐오하여 과거의 공동체를 그리워했던 낭만주의자였지만, 제1차 세계대전이 끝나고 공상과학 소설가 웰즈<sup>H. G. Wells</sup>의 영향도 받으면서 산업 발전에서 미래 사회의 희망을 읽어내는 미래 지향적인 실용주의자로 완전히 탈바꿈한다. 그는 마르크스주의를 필두로 그 어떤 철학적·윤리학적 명제도 맹신하는 법이 없었다. 비록 사회민주주의자가 간직해야 할 불변의 가치들(평등에 대한 신념, 노동에 대한 존중, 자유와 사랑에 대한 믿음 등)은 있지만, 그것이 실현되는 방식과 형태는 실제 상황에 따라 무한히 탄력적으로 설계해야 한다는 것이었다. 특히 그러한 고려에서 핵심이 되는 것은 산업 발전의 양상과 성격이었다.

1920년대, 2차 산업혁명이 스웨덴을 위시하여 모든 산업 국가로 확산되면서 대공장 체제가 자리를 잡는다. 비그포르스는 이러한 생산 시스템에서는 조직된 노동자들이 갖는 전략적 위치가 크게 유리해졌다고 보았으며, 이에 마르크스주의자라면 극도로 혐오할 '노사 협의회'를 제도화하여 '산업민주주의'를 실현하자는 구상을 내놓는다. 또한 대량생산/대량소비가 산업사회를 조직하는 지배적 패러다임으로 자리 잡은 현실을 보면서 국가가 적극적으로 투자하고 산업의 조직을 주도해야 한다는 독자적인 '케인스주의적 정책'의 틀을 마련하고 실행한다. 비록 그가 직접 마련한 것은 아니지만 그의 사유의 틀을 이어받은 요스타 렌<sup>Gösta Rehn</sup>과 루돌프 마이드너<sup>Rudolf Meidner</sup> 등의 노동조합 경제학자들은 '인플레이션이 없는 완전고용'을 제도화하기 위해 노동자의 임금 격차를 줄이고 심지어 고임금 부문의 임금 상승 억제까지 주장하여 '연대임금제'를 확립한다. 그리하여 20세기 산업문명에서 누구나 부러워하고 모범으로 삼는 북유럽 사회민주주의 복지국가 체제의 기틀을 닦는 업적을 이루어냈다. 20세기의 가장 성공적인 사회주의자는 레닌의 볼셰비키도 모택동의 홍군도 아니며, 바로 비그포르스와 스웨덴 사회민주당이었다고 해도 과언이 아니다.

## 잠정적 유토피아

비그포르스는 그의 이러한 혁신적 사고의 틀을 '잠정적 유토피아 provisorisk utopi'라는 말로 집약해냈다. 추상적 · 형이상학적 사고에서 우리의 이상 사회를 도출하려고 해서는 안 된다. 우리는 산업사회의 현실에 살고 있으며, 가능한 것과 가능하지 않은 것에는 분명한 경계선이 버티고 있다. 우리의 가치와 이상은 지금 여기에 존재하는 산업사회의 현실에 꼭 맞도록 끊임없이 재구성하고 재구성해야 한다. 하지만 희망이 있다. 산업사회는 기술과 산업의 변화로 끊임없이 변화하게 되어 있으며, 바로 어제까지는 전혀 현실성이 없는 백일몽처럼 보이던 것들도 순식간에 절실한 현실적 요구로 나타나는 일이 일상적이다. 사회민주주의자들이 가지고 있는 가치는 그래서 추상적 형이상학의 차원에서 논할 일이 아니라 그렇게 매일매일 곳곳에서 새롭게 열리는 미래 사회로의 변화에서 실현 가능한 형태로 설계되어야 한다. 그러한 설계와 계획이 바로 실현될 리는 없다. 하지만 부딪혀보고 부딪혀보면서, 그 애초의 설계도를 수정하고 또 수정하면서 고쳐나가면 된다. 산업사회는 부단히 변화하고 있으므로, 바로 어제까지 비현실적인 몽상으로 여겨졌던 것들도 바로 실현될 수 있는 구체적 정책과 제도로 변화하는 상황은 언제든 찾아올 수 있다. 이를 호시탐탐 관찰하면서 우리가 꿈꾸는 유토피아를 바꾸고 또 바꾸어 나가자는 것이다.

사회민주주의의 이상은 자유·평등·연대의 가치가 계급과 계층의 차별 없이 모두의 삶에 실현되는 것이며, 자본을 철폐하고 공산주의 계획 경제를 만들자는 것은 그 방편의 하나일 뿐 결코 궁극적인 목적과 가치가 아니다. 기업을 국유화해봐야 '공기업'이 될 뿐이지 무슨 실질적인 효율성과 자유의 증진이 나타나겠는가? 대신 비그포르스와 스웨덴 사회민주주의자들은 앞에서 말한 노사협의회를 통한 산업민주주의, 보편적 복지 정책을 통한 집단적 인간 발전과 사회 연대, 연대 임금제를 통한 노동자의 연대 및 평등 그리고 산업의 생산성과 효율성의 극대화를 꾀해나갔다. 1977년 비그포르스가 작고했을 때 추도 연설을 맡았던 엘란데르<sup>Tage Erlander</sup> 전 수상의 말을 들어보자.

지금은 에른스트 비그포르스의 공적을 기리는 소리가 울려 퍼지고 있습니다만, 제가 새로 수상이 되었던 1946년과 1947년 당시와 비교하면 실로 격세지감을 느낍니다. 당시에는 모든 사람들이 비그포르스와 그의 추종자들에 대해서 한마디씩 했지요. 그랬던 그의 평판이 불과 30년 만에 거의 믿기 힘들 정도로 바뀌어버렸습니다. 그에 대한 혐오와 악감정은 사라졌고, 이제는 우리 모두 그를 이해하고 또 높이 평가하게 되었습니다. 그에 대한 경멸도 간데없으며, 이제 우리는 그를 거의 숭배하다시피 합니다. 사람들은 그가 내놓은 여러 정책들이 사회를 파멸로 이끌 것이라고 두려워하고 불안해했지만, 오늘날 우리는 그의 완전히 독창적이고 선구적인 여러 업적들이 실현된 곳이 다름 아닌 여기 스웨덴이라는 사실에 큰 자부심을 느낍니다. 도대체 무슨 일이 있었기에 한 사람에 대한 평가가 불과 30년 만에 이렇게까지 급격히 변하게 된 것일까요? **그동안 변한 것은 비그포르스가 아닙니다. 우리 사회의 성격이 근본적으로 바뀌어버린 것입니다.** 비그포르스가 실현하기 위해 싸워온 수많은 아이디어들은 이제 모든 사람이 향유하는 재산이 되었습니다. 비그포르스가 평등에 대해서 이야기했을 때, 여성의 평등에 대해 이야기했을 때, 민주주의적 과정에 대해 이야기했을 때, 또 노동자들과 화이트칼라들도 기업 내의 의사 결정에 참여해야 한다고 이야기했을 때, 많은 사람들은 이것이 사회에 위협이 될 것이라고 보았습니다. 지금은 그렇지 않습니다. 오늘날 비그포르스의 여러 아이디어들과 비전은 우리 사회를 떠받치는 기둥이 되어 있고 우리는 그 위에서 함께 사회를 만들어가고 있습니다. 비그포르스가 우리보다 더 잘 알고 있는 것이 있었으니, 사회 변화의 대부분은 공짜로 주어지지 않는다는 사실이었습니다. **사회의 변화는 투쟁을 필요로 합니다. 사회의 변화는 싸움을 필요로 합니다.** 비그포르스는 싸움을 회피하는 법이 없었습니다. 비그포르스는 결코 주저함 없이 사회가 계속 변화해나가도록 승리를 얻을 때까지 꿋꿋이 버티며 싸운 이였습니다. (『비그포르스, 잠정적 유토피아와 복지국가』, 284~285쪽. 강조는 인용자)

그렇다. 비그포르스가 초인적인 예지력을 가진 이라서 30년 후의 세상을 설계한 것이 아니었다. 그 30년의 변화를 만들어낸 기본 동력은 밑바닥에서 벌어진 사회의 기술적·산업적 변화였고, 비그포르스는 이를 항상 예의주시하면서 그가 꿈꾸는 대안적인 경제생활의 틀이 조금이라도 실현될 수 있는 구멍과 틈새를 발견하고자 했던 것뿐이다. 우리가 믿고 틀어쥐어야 할 가치를 한순간도 포기하지 않고, 또 한순간도 긴장을 잃지 않고 그것이 실현될 수 있는 일말의 가능성이라도 눈에 불을 밝히고 잡아내려는 노력을 했던 사람이었을 뿐이다. 이것이 그가 말하는 잠정적 유토피아의 가능성이다.

민코프스키(Hermann Minkowski) 시공간 라이트 콘

내가 지금 서 있는 '지금-여기'는 두 개의 깔때기가 만나는 지점이다. 과거의 모든 사건을 빨아들이는 깔때기와 미래의 모든 사건을 뿜어내는 깔때기다. 지금-여기를 만들어낸 과거의 어떤 사건도 그 깔때기를 벗어나지 못한다. 또 지금-여기에서 비롯될 미래는 시간이 지나면서 깔때기 모습으로 한없이 넓은 공간으로 확장되어 나간다. 빛보다 빠른 무언가가 나타나지 않는 한, 미래 또한 그 깔때기를 벗어나지 못한다. 하지만 시간이 흐르면서 지금-여기 또한 움직인다. 저 마주 붙은 한 쌍의 깔때기도 그에 따라 지금-여기의 궤적을 따라 함께 움직인다. 인과율로 미치지 못할 미래의 한계선도 함께 이동한다. 미치지 못할 미래로, 만들어낼 수 없는 미래로 보였던 것들이 라이트콘 안으로 들어올 수도 있다.

계속 멈추어 있다면 미래에 벌어질 사건들은 라이트콘을 벗어나지 못한다. 그래서 지금-여기가 계속 움직인다면, 인과율로 엮어낼 수 있는 사건들의 범위는 계속 달라지게 된다. 관건은 내가 그리고 우리가 계속 움직일 것인가 멈추어 있을 것인가이다. 멈추어 있는 사람들이 말하는 미래를 믿지 말자. 움직이는 사람들의 미래는, 그 가능성은 시시각각 변화해간다. 우리는 움직인다.

# 4 ——— 위기 이후의 세상이 온다

이 책의 서두에서 우리는 '위기 이후의 경제철학'을 이야기했다. 위기는 이미 시작되었고 갈수록 빠른 속도로 악화되고 있다. 생태 위기와 전 지구적인 사회적 불평등뿐만이 아니다. 우리의 경제생활이 영혼을 잠식하고 허무, 고독, 불안의 늪으로 몰아넣어 이러한 총체적 위기와 파국이 다가오는 것을 고스란히 눈을 뜨고 보면서도 아무것도 하지 못하는 무기력한 존재로, '지구상의 가장 한심한 동물'로 전락하는 지금의 상황은 위기의 가장 중요한 원인일 뿐만 아니라 가장 중요한 결과물이기도 하다. 우리에게 다른 선택이 있을 수는 없다. 지금의 지구적 산업문명은 결코 '지속 가능한' 틀이 아니며, 이를 고치기 위해서는 그 근간이 되는 경제생활의 틀을 바꾸어야 한다. 그리고 이를 위해서는 지금 우리 인류의 의식을 지배하고 있는 '경제적 인간'이라는 세속 종교를 철폐해야 한다. 그리고 오염되고 더럽혀진 인간의 이미지를 회복하고, 실제로 살아 있는 인간의 모습을 파악하여 그것에 기초한 새로운 경제철학과 새로운 경제생활의 틀을 마련해야 한다.

이는 과거에 대한 동경도 아니며 비현실적인 백일몽도 아니다. 지금 '목이 부러질 정도의 속도로' 벌어지고 있는 산업과 기술의 변화를 보자. 그리고 거기에서 매일 매 순간 열리고 있는 새로운 경제생활의 가능성을 보자. 노벨경제학상 수상자였던 군나르 뮈르달Gunnar Myrdal의 말처럼, '18세기 유럽인들의 미신'에 근거하여 만들어진 현재의 경제학과 경제적 인간의 이론 틀을 무슨 만고불변의 초월적 진리처럼 떠받들면서, 그것으로 AI와 블록체인이 나타난 21세기의 산업과 경제생활을 설명하고 또 조직하겠다는 것이 오히려 비현실적인 잠꼬대일 가능성이 훨씬 크다. 블록체인은 탈중심화된 산업 조직과 협업의 가능성을 열고 있다. 디지털 혁명은 교육의 불평등과 경직성을 획기적으로 파괴할 수 있는 잠재력을 품고 있다. 사실상 거의 모두가 디지털 계좌를 보유하게 된 지금, 현금 창출 능력을 남용하여 무제한으로 위험한 투기를 일삼는 현재의 은행 시스템은 갈수록 뒤떨어진 제도로 변하고 있다. 플랫폼과 블록체인을 활용한 새로운 경제 조직의 출현은 주식회사라는 17세기의 유산을 구시대의 유물로 만들어가고 있다.

위기만 오고 있는 것이 아니다. '새로운 삶의 가능성'도 함께 나타나고 있다. 위기 이후의 세상은 재앙과 파국으로 귀결될 하등의 이유가 없다. 중화학 공업의 대두라는 동일한 산업 패러다임의 변화에 임하여 히틀러와 도조 히데키는 파시즘이라는 악몽 같은 사회를 만들었지만, 스웨덴 사회민주주의자들은 효율성과 자유를 모범적으로 실현한 북유럽 복지국가의 틀을 만들었다. 위기 이후의 세상은 비참과 악몽으로 점철된 디스토피아가 아니다. 더 많은 효율성과 자유, 더 많은 인간성과 사랑이 강물처럼 넘치는, 인류가 몇천 년을 꿈꾸어온 이상적인 유토피아가 될 수 있다. 산업과 기술의 변화로 다가오는 미래는 우리의 물질적 생활만을 바꾸어주는 것이 아니다. 우리의 생각, 우리의 정서, 우리의 관계, 우리 인간이 인간 스스로를 바라보고 만들어가는 태도 전체를 바꾸어버린다. 지금 산업과 기술의 변화 바람이 거세게 몰아치고 있다. 이 거센 바람 속에서 우리가 해야 할 일은 헛되이 노를 저어 그 흐름과 싸우거나 넋을 놓고 바람과 파도에 배를 내맡기는 것이 아니다. 돛을 올리고 돛폭 가득 바람을 받아 우리가 원하는 방향으로 배를 몰아가야 한다.

이러한 미래로의 바람과 파도를 타기 위해서는 우리 스스로가 바뀌어야 한다. 우리 개인의 경제생활에 있어서도, 또 집단적·사회적 경제 정책 및 제도의 틀을 설계함에 있어서도 경제적 인간으로서의 생각과 행동과 생활 방식을 조금씩이라도 가급적 더 많이 더 빠르게 바꾸어나가야 한다. 그렇게 항해를 해나가는 과정에서 자세한 해도海圖가 작성될 것이다. 좀 더 구체적인 대안적 경제학의 이론과 사상, 더 구체적인 대안적 정책과 제도, 더 구체적인 대안적 생활 방식과 정서 및 감수성이 나타날 것이다. 이 책은 '위기 이후의 경제철학'에 대한 작은 이야기에 불과하며, 그러한 작업에는 전혀 손을 대지 못했다. 하지만 '위기를 낳은 사고방식으로는 절대로 위기를 해결할 수 없다'는 말이 있다. 그 길고 지난한 작업의 시작은 지난 몇십 년 아니 몇백 년간 우리의 생각과 행동을 구속해왔던 경제적 인간 세속 종교를 내버리는 것에 있다고 확신한다. 이를 버릴 용기를 낸다면 그때 비로소 우리의 뺨에 와닿는 변화의 바람이 느껴질 것이며, 우리가 도달할 수 있는 가까운 푸른 섬이 어렴풋이라도 보이기 시작할 것이다. 위기 이후의 세상이 온다. 우리가 우리를 바꿀 때가 되었다.

이 책은 학술 서적이 아니다. 따라서 내가 이 책에 개진해놓은 이야기와 관련된 문헌들을 나열하지는 않을 것이며, 책을 읽은 뒤 더 많은 생각과 고민을 하려는 이들에게 도움이 될 만한 정보를 드리는 것을 목적으로 하고자 한다. 이 책의 각 장은 크고 넓은 주제들을 다루고 있으므로 관련된 책을 다 소개하는 것은 지면상으로도, 또 나의 능력으로도 불가능한 일이다. 최대한 내가 알고 있는 책들을 중심으로 소개할 것이며, 부득이한 경우 이외에는 국내에 소개된 문헌들을 이야기하고자 한다. 또한 쉽게 검색해 찾을 수 있거나 여러 출판사에서 출간된 책들의 경우는 자세한 서지 사항을 밝히지 않겠다.

## 1부

현대의 산업문명과 경제활동이 인간의 내면을 어떻게 황폐하게 하는가에 대한 여러 문헌이 있지만 에리히 프롬의 저서 『소유냐 존재냐*To Have Or To Be*』그리고 이반 일리치Ivan Illich의 여러 저서들을 권하고 싶다. 특히 일리치의 '제도가 낳는 가난'의 개념이 큰 중요성을 갖는다고 보인다.

268

생태 위기의 문제에 대한 여러 저서가 있지만 나는 감히 도넬라 H. 메도즈, 데니스 L. 메도즈, 요르겐 랜더스의 1972년 저서 『성장의 한계』(김병순 옮김, 갈라파고스, 2012)를 능가하는 중요성을 가진 저서는 없다고 생각한다. 읽기에도 어렵지 않지만 소름이 끼칠 정도로 심각한 사고의 전환을 가져올 뿐만 아니라 새로운 산업문명이 어떤 방식으로 조직되어야 하는지에 대해서도 소중한 혜안을 담고 있다. 불평등에 관해서는 토마 피케티의 『자본과 이데올로기』(안준범 옮김, 문학동네, 2020)를 권하고 싶다. 워낙 유명한 저자의 책이기도 하지만 이 책은 지금 나타나는 불평등이 단순한 부의 격차뿐만 아니라 사회적인 갈등과 분열 등의 정치·사회적인 문제와 어떻게 연결되는지에 대해 대단히 중요한 관점을 담고 있기 때문이다.

경제학이 하나의 세속 종교의 역할을 하고 있다는 지적은 많은 이들이 한 바 있지만 Robert H. Nelson, *Reaching For Heaven on Earth*(Rowman and Littlefield, 1991)를 권하고 싶다. 한편 '살아 있는 인간'의 삶이 어떤 것이고 어떤 것이 되어야 하는지에 대한 내 생각은 Lewis Mumford, *The Conduct of Life*(Harvest Books, 1951)에서 큰 영향을 받았다.


### 2부


먼저 '경제적 인간'의 문제와 그 대안적인 이론의 모색에 대한 이야기는 케이트 레이워스, 『도넛 경제학』(홍기빈 옮김, 학고재, 2018) 특히 3장을 참조하기를 권한다. 이 책은 세계적인 명성을 얻은 베스트셀러로서 쉽고도 분명하게 21세기의 대안적 경제학이 나아갈 방향을 보여주고 있다. 내가 운영하는 온라인 강좌 "홍기빈의 어나더 경제학과"에서 정기적으로 4회에 걸쳐 강의하고 있다.

'경제적 인간', 즉 호모 이코노미쿠스의 개념과 관련해서는 Louis Dumont, *From Mandeville to Marx : Genesis and Triumph of Economic Ideology*(Chicago University Press, 1977)와 최정규, 『이타적 인간의 출현 : 게임이론으로 푸는 인간 본성 진화의 수수께끼』(뿌리와이파리, 2004)를 권한다. 맬서스와 리카도의 손에서 태어난 고전파 정치경제학이 어떠한 인간관을 가지고 있는지에 대해서는 칼 폴라니, 『거대한 전환 : 우리 시대의 정치·경제적 기원』(홍기빈 옮김, 길, 2009) 10장에 결정적으로 중요한 혜안이 담겨 있다. 허스코비츠와 나이트의 논쟁에 대해서는 크리스 한, 키스 하트 공저, 『경제인류학 특강』(홍기빈 옮김, 삼천리, 2016)을 참조할 수 있다. 나이트의 주장을 담은 글은 Frank Knight, *On the History and Method of Economics : Selected Essays*(Chicago University Press, 1956)에서 찾을 수 있다.

필립 미로우스키의 저작은 자연과학과 경제학과 지식사회학을 넘나들 뿐만 아니라 내용도 대단히 전문적인 지식을 필요로 하는 난해한 책이지만, 그 중요성이 너무 크므로 여기에 기록해 두어야 한다. Philip Mirowski, *Machine Dreams : Economics Become A Cyborg Science*(Cambridge University Press, 2001). 금융시장에 대한 경제사회학의 연구에 대해서는 이 책 Donald McKenzie, *An Engine, Not a Camera : How Financial Models Shape Markets*(The MIT Press, 2006).

러스킨의 정치경제학 비판 에세이들은 곧 번역하여 출간할 예정이다. 존 러스킨, 『부는 곧 인생이다(가제)』(근간, 홍기빈 옮김). 베블런에 대해서는 찰스 카믹, 『베블런 전기 : 경제학을 해체한 경제학자의 형성 과정(가제)』(근간, 홍기빈 옮김). 또 소스타인 베블런, 『자본의 본성에 관하여 외』(홍기빈 옮김, 책세상, 2009). 캅의 저서로는 Karl William Kapp, *Toward a Science of Man in Society : A Positive Approach to the Integration of Social Knowledge*(Springer Press, 1961).

## 3부

케인스 평전의 저자로 유명한 로버트 스키델스키, 에드워드 스키델스키 부자의 『얼마나 있어야 충분한가』(김병화 옮김, 부키, 2013)는 케인스의 경제관과 같은 맥락에서 경제적 욕망의 문제를 다루고 있다. 아리스토텔레스의 경제사상에 대해서는 홍기빈, 『아리스토텔레스, 경제를 말하다』(책세상, 2001)를 참조할 수 있다. 살림살이 경제학에 대해서는 홍기빈, 『살림/살이 경제학을 위하여』(지식의 날개, 2012)와 칼 폴라니, 『인간의 경제』(박현수 옮김, 풀빛, 1983)를 참조하라.

에이브러햄 H. 매슬로의 저서는 『인간 욕구를 경영하라』(왕수민 옮김, 리더스북, 2011)로 출간되어 있다. 존 M. 케인스의 짧은 에세이들을 모은 『설득의 경제학』(정명진 옮김, 부글북스, 2009)도 있다.

# 4부

불안의 개념에 대한 철학의 고전은 쇠얀 키에르케고어, 『불안의 개념/죽음에 이르는 병』(강성위 옮김, 동서문화사, 2007)이 있다. '경제적 인간'의 계산적 합리성에 대한 재미있고 깊이 있는 논의는 필립 로스코, 『차가운 계산기 : 경제학이 만드는 디스토피아』(홍기빈 옮김, 열린책들, 2017)를 권한다. 아리스토텔레스의 에우다이모니아와 그 경제학적 함의에 대해서는 많은 논의가 있지만 Amartya Sen and Marth Nussbaum *ed., The Quality of Life*(Oxford University Press, 1993)에 실린 글들이 중요한 함의를 준다. 마르크스의 필요욕구(needs, Beduerfniss) 개념에 대해서는 아그네스 헬러, 『마르크스에 있어서 필요의 이론』(강정인 옮김, 인간사랑, 1990)을 참고하라. 이탈리아에서 내려오는 경제사상의 전통에 대해서는 Sophus Reinert *et al., Antonio Serra and the Economics of Good Government*(Palgrave Macmilan, 2016), 또한 제이컵 솔, 『자유시장의 경제사상사(가제)』(근간, 홍기빈 옮김). 케인스의 몇 개 에세이는 『우리 손자손녀들의 경제적 가능성(가제)』(근간, 홍기빈 옮김)으로 출간될 예정이다.

# 5부

미셸 우엘벡의 소설로는 『투쟁 영역의 확장』(용경식 옮김, 열린책들, 2003)뿐만 아니라 『소립자』(이세욱 옮김, 열린책들, 2003)도 권하고자 한다. 페르디난트 퇴니스의 『공동사회와 이익사회』는 지금도 고전으로서뿐만 아니라 지금 사회를 분석하는 틀로도 힘을 잃지 않았다. 프루동의 주요 저서들은 국내에 번역이 되어 있지만 그의 경제사상을 집중적으로 다루는 글은 찾기 힘들다. Rob Knowles, *Political Economy from Below*(Routledge, 2013)에서 상당히 자세한 내용을 얻을 수 있다. 오언의 사상에 대해서는 G. D. H. 콜의 평전 『로버트 오언 : 산업혁명기, 협동의 공동체를 건설한 사회혁신가』(홍기빈 옮김, 칼폴라니사회경제연구소, 2016)를 보라. '동료생산/커먼즈' 전략에 대해서는 Michel Bauwens *et. al., Peer to Peer : The Commons Manifesto*(University Press of Westminster, 2019), 연대 경제 특히 '프레스턴 모델'에 대해서는 마조리 켈리, 테드 하워드, 『모두를 위한 경제』(홍기빈 옮김, 학고재, 2021)가 있다.

# 6부

마르크스, 『경제학-철학 수고』(이론과실천, 2006)는 강유원의 번역으로 나와 있다. 그리고 칼 폴라니, 『전 세계적 자본주의인가 지역적 계획경제인가 외』(홍기빈 옮김, 책세상, 2002)에 수록된 폴라니의 미출간 원고들은 마르크스의 이 저작에 대한 폴라니의 생각이 전개되어 있거니와 두 사람 모두의 경제사상을 이해하는 데 큰 도움이 된다. 마르크스의 '소외/양도' 개념에 대해서는 John Torrance, *Estrangement, Alienation and Exploitation : A Sociological*

*Approach to Historical Materialism* (Palgrave, 2014), 베블런의 사상에 대해서는 2부의 참고 문헌 부분을 보라. 그리고 E. K. 헌트 외, 『E. K. 헌트의 경제사상사』(홍기빈 옮김, 시대의창, 2015)의 베블런을 다룬 장에서 충실하고 전반적인 해설이 되고 있다. 에른스트 비그포르스에 대해서는 홍기빈, 『비그포르스, 복지 국가와 잠정적 유토피아』(책세상, 2011)를 보라. 또 Winton Higgins *et. al., Politics Against Pessimism : Social Democratic Possibilities Since Ernst Wigforss* (Peter Lang, 2013), 생시몽의 저서는 『새로운 그리스도교』(박선주 옮김, 좁쌀한알, 2018) 이외에는 아직 번역된 것이 없는 듯하다. 대신 육영수, 『근대유럽의 설계자 생시몽·생시몽주의자』(소나무, 2022)가 좋은 입문서가 된다. 생시몽의 사상을 알 수 있는 좋은 책으로 Frank Maneul, *The New World of Saint-Simon* (Harvard University Press, 1956)이 있다. 나는 생시몽에 대한 이해에 있어서 에밀 뒤르켐의 해석에 큰 도움을 얻었다. Emile Durk-heim, *Socialism and Saint-Simon* (Routledge, 2009).

**EBS 클래스ⓔ 시리즈 40**

# 위기 이후의 경제철학

**1판 1쇄 발행** 2023년 8월 25일

**지은이** 홍기빈

**펴낸이** 김유열 | **편성센터장** 김광호 | **지식콘텐츠부장** 오정호
**지식콘텐츠부·기획** 장효순, 최재진, 서정희 | **마케팅** 최은영 | **제작** 정봉식
**북매니저** 윤정아, 이민애, 정지현, 경영선

**책임편집** 엄기수 | **디자인** 정하연 | **인쇄** 우진코니티

**펴낸곳** 한국교육방송공사(EBS)
**출판신고** 2001년 1월 8일 제2017-000193호
**주소** 경기도 고양시 일산동구 한류월드로 281
**대표전화** 1588-1580 | **이메일** ebsbooks@ebs.co.kr
**홈페이지** www.ebs.co.kr

**ISBN** 978-89-547-7777-3 04300
      978-89-547-5388-3 (세트)

ⓒ 2023, 홍기빈

* 이 책은 저작권법에 따라 보호받는 저작물이므로 무단 전재 및 무단 복제를 금합니다.
* 파본은 구입처에서 교환해드리며, 관련 법령에 따라 환불해드립니다.
  제품 훼손 시 환불이 불가능합니다.